安部恭子
稲垣孝章
［編著］

「みんな」の学級経営

伸びる　つながる

2年生

東洋館出版社

目次 CONTENTS

「みんな」の学級経営 伸びる つながる 2年生

プロローグ
学級経営を学ぼう …………………………………… 005
- [小学校の学級経営] 学級経営の充実を図るために …………… 006
- [2年生の学級経営]「協働」の意識が高まる2年生 …………… 014

第1章
ちょっとひと工夫！
2年生の教室環境づくり ………………………… 017
- 教室環境の基本スタイル ……………………………… 018
- 学級目標の設定と係・当番活動の位置付け ………………… 020
- クラスの実態に合った座席配置 ……………………………… 022
- 読書コーナーをつくろう！ ……………………………… 024
- 当番活動の掲示のコツ ……………………………… 026
- 健康・安全指導の掲示のコツ ……………………………… 028
- 子供たちの作品掲示のコツ ……………………………… 030
- オリジナル掲示をつくろう！ ……………………………… 032
- 生き物コーナーの設置（生命尊重） ……………………………… 034
- 昔遊びコーナーの設置（伝統文化） ……………………………… 036

第2章
これで完璧！
2年生の学級づくりのコツ ……………………… 039
- 学級のスタート　キーワードは「仲間づくり」 …………… 040
- みんなでつくる学級目標 ……………………………… 042

目次

再確認！　朝の会・帰りの会の進め方 …………………… 044
班づくりで「思いやりの心」を …………………………… 046
２年生では「責任」を！　給食当番・清掃当番 ………… 048
学級通信の基本＆チャレンジ ……………………………… 050
学年だよりの基本＆チャレンジ …………………………… 052
２年生への褒め方・叱り方 ………………………………… 054
「日直当番」のポイント …………………………………… 056
「係活動」のポイント ……………………………………… 058
子供同士のケンカ …………………………………………… 060
泣いている子への支援 ……………………………………… 062
クラスが荒れてきたら ……………………………………… 064
怪我・病気への対応 ………………………………………… 066
夏休み・冬休み前の指導 …………………………………… 068
学級懇談会で信頼されるコツ ……………………………… 070
家庭に寄り添う家庭訪問のルール ………………………… 072
１年生歓迎演奏のコツ ……………………………………… 074
運動会成功のコツ …………………………………………… 076
学芸会・音楽会成功のコツ ………………………………… 078

第3章

子供たちに学ぶ楽しさを！
２年生の授業のコツ ……………… 081

[授業に入る前に　Check Point]

４月に身に付ける学習ルール ……………………………… 082
学習習慣を身に付ける宿題の基本 ………………………… 084
学習カードのつくり方 ……………………………………… 086
[国 語 科] 定着を図る！「新出漢字の指導」………… 088
[国 語 科] 学習環境を整える！「スイミーの授業」… 090
[国 語 科] ２年生の学び合いの活動を生かす言語活動例 … 092

| ［算 数 科］多様な考え方の基礎づくり①「九九の指導」………… 094
| ［算 数 科］多様な考え方の基礎づくり②「かたちから図形へ」…… 096
| ［生 活 科］野菜を育てよう ………………………………………… 098
| ［生 活 科］生き物となかよし ……………………………………… 100
| ［生 活 科］成長アルバムをつくろう ……………………………… 102
| ［音 楽 科］思いを奏でる「2年生の歌唱指導」………………… 104
| ［図画工作科］子供の想いを大切に「造形遊び」………………… 106
| ［体 育 科］嫌いにさせない！ マット・鉄棒運動遊び ………… 108
| ［体 育 科］楽しく安全な水泳指導 ………………………………… 110
| ［道 徳 科］効果的な資料の活用 …………………………………… 112
| ［特別活動］ここがポイント！ 学級活動 ……………………… 114
| ［特別活動］学級会の進め方 1学期編 ………………………… 116
| ［特別活動］学級会の進め方 2学期編 ………………………… 118
| ［特別活動］学級会の進め方 3学期編 ………………………… 120

第4章

2年生で使える「学級遊び」……………… 123

ハロウィンゲーム ……………………………………………………… 124
クラス全員での遊び …………………………………………………… 126
グループ対抗遊び ……………………………………………………… 128
男女仲よく楽しい遊び ………………………………………………… 130
学級ギネス大会 ………………………………………………………… 132

編著者・執筆者一覧 …………………………………………………… 134

プロローグ

学級経営を学ぼう

小学校の学級経営

学級経営の充実を図るために

文部科学省 初等中等教育局
教育課程課 教科調査官　**安部 恭子**

1　学級経営をどう考えるか

　今回の学習指導要領は、全ての教科等が資質・能力で目標や内容を整理しているのが大きな特徴となっています。特別活動の場合、これまでも大事にしてきた人間関係形成、社会参画、自己実現の三つの視点をもとに作成しています。小学校の総則と特別活動にはこれまでも学級経営の充実に関する表記がありましたが、今回、教科担任制である中学校の総則と特別活動にも学級経営の充実が示されました。

　学級経営が大事なのは分かっているけれど、どんなことをすればよいのか、どう充実させればよいのかということを先生方はお悩みになっているのではないでしょうか。子供たちの教育活動の成果が上がるように、学級を単位として諸条件を整備し、運営していくことが学級経営であるととらえると、子供たちの人間関係をよりよくつくることも、環境整備も、教材を工夫することも、日々の授業をつくっていくことも学級経営の重要な内容であり、多岐に渡ります。ここが問題かなと思います。

　今回の学習指導要領では、根本のねらいとして、子供たちが自らよりよい社会や幸福な人生を切り拓いていくことができるようにするため、必要な資質・能力を育むことがあげられています。ですから、**学校生活において、子供たちが自らよりよい生活や人間関係をつくっていく基盤となるのが学級経営の充実だと、私はとらえています。**大切なのは、どんな学級生活・学級集団を目指したいのかという教育目標を、先生がしっかりともつことだと思い

ます。自分の理想だけを考えていると現実と合わなくなってしまいますから、目の前の子供たちの実態を見据えながらどんな資質・能力を育みたいかを考え、学級の教育指導目標を立てていくことが大切です。

　年度当初の計画において重要なことは、学年としてどのように指導していくか、共有化していくことです。しかし、学校教育目標や学年目標を共有化して共通理解を図って指導しようとしても、学級によって子供たちの実態は異なります。1年生から2年生に上がるという点は同じでも、これまでの学級生活が異なることから、各学級ではどうしても違いがあります。

　そのような中で、今までみんなはこういう生活をしてきたけれども、「これからは2年○組として一緒の仲間だよ」と子供たちに考えさせていくためには、子供の思いや保護者の願い、そして担任の指導目標を踏まえた学級の目標をしっかりとつくり、目指す学級生活をつくるために「みんなはどんなことを頑張っていくのか」ということを考えさせないといけません。「こういう学級生活をつくりたいな」「こういう○年生になりたいな」という思いをきちんと年度当初にもたせないと、学級目標は単なる飾りになってしまいます。学級活動では、「○年生になって」という題材で、自分が頑張りたいことを一人一人が決める活動がありますが、例えば2年生なら、単に「算数科を頑張る」「生活科を頑張る」ではなく、**一番身近な2年生の終わりの姿を子供たちに見通させ、その上で今の自分について考え、どう頑張っていくかを子供たち一人一人が具体的に考えるようにします**。このことがなりたい自分やよりよい自分に向けて頑張っていける力を付けていくことになり、自己の成長を自覚し、自己実現にもつながっていくのです。

2　人間関係形成と課題解決力育成のために　　学級経営が果たす役割とは

　平成28年12月の中央教育審議会の答申において、**「納得解」** を見付けるということが示されています。このことと特別活動・学級経営との関わりは大きいと思います。平成29年11月に公表されたOECDの学力調査でも、日本の子供たちの協同して問題解決する力は世界で2位でした。身近な生活を

見つめて、自分たちの学級生活や人間関係をよりよくするためには、どんなことが問題なのか、どうすればよいのかに気付き、考える子供を育てる必要があると思います。低学年では、まずは「みんなで話し合って、みんなで決めて、みんなでやったら楽しかった」という経験がとても大切です。そこから自発的・自治的な態度が育っていくのです。本音で話し合える学級をつくるためには、本音を言える土壌をつくっておかなくてはなりません。担任の先生が、一人一人が大事な存在なのだと示し、支持的風土や共感的土壌をつくっていくことが大切です。また、子供たち同士の関わりの中で、他者との違いやよさに気付き、我慢したり、譲ったり、譲られたり、といった集団活動の経験を積み重ねていくことが必要です。

　子供たちにとって、学級は一番身近な社会です。家庭から幼児教育の段階、小学校の段階とだんだん人間関係が広がっていき、子供たちは、自分とは異なる多様な他者がいるのだということや協働することの大切さを学んでいかなくてはなりません。そのために、新年度において担任と子供の出会い、子供同士の出会いをどのように工夫して演出し、どのように人間関係をつくっていくかということがとても大切になってきます。

　学級活動で言えば、例えば「どうぞよろしくの会」や「仲よくなろう会」など、お互いのことを知って人間関係をつくっていけるような活動を、子供たちの話合い活動を生かして意図的・計画的に組んでいくことが必要だと思います。また、教室に入ったときに「これからこの学級でやっていくのが楽しみだな」と思うような準備をするとよいでしょう。例えば、先生と子供、子供と子供で、お互いの名前が分かるような掲示を工夫するとよいと思います。**私は４月の最初の日だけではなく、毎日必ず黒板に子供へのメッセージを書いていました**。出張でどうしても帰ってこられない日は無理ですが、それ以外の日は、詩を書いたり、前日の活動やこれから行う活動のことについて、「こういうところを頑張ったね」「こういうことを頑張っていこうね」ということを書いたりしました。最初の出会いづくりを工夫し、子供たち自身が学級に居場所を感じて愛着をもてるようにすることを目指したのです。

　また、特別支援学級に在籍している子供でなくても、支援が必要な子供は学級の中にたくさんいるでしょう。例えば、問題行動を起こす子供がいた場

合、その子供自身が一番困っているので、そこをきちんと理解してあげることが大切です。また、その子供に合った合理的配慮をしたり、ユニバーサルデザインなどの視点で環境整備をすることも大事です。そして何よりも、集団生活においては、周りをどう育てるかがより大事なのです。もちろん個人情報に関わることは伝えてはいけませんが、この子供はこういうことは得意だけれどもこういうことは苦手なのだというような特性を、子供たちが分かって接するのと分からないで接するのとでは、全然違うと思います。

　また、日頃しゃべらない子が、ある２、３人の子供とは話すことがあります。そういうことを先生がきちんと見取って、グループ分けするときに配慮することも必要です。先生だけが知っているのではなく、子供たちがお互いのよさを分かり合えるような機会をつくってください。いつも仲よしだけで遊んでいるのではなく、**お互いを知り、よさに気付き合い、頑張り合ってクラスの仲が深まるような活動を、ぜひ学級活動でやっていただきたいと思います。**

　子供たち自身に「このクラスでよかったな」「自分はこの学級をつくっていくメンバーなんだ」という意識をもたせるためには、学級担任の先生が子供たちのことが好きで、学級や学校への愛着をもつことがまず必要ではないでしょうか。日本の先生方は、大変きめ細かく子供たちのことをよく考えて指導しています。朝は子供たちを迎え、連絡帳や学級通信、学年だよりなどを通して保護者との連携を図り、学年同士のつながりも考えて、先生方は子供たちのために一生懸命取り組んでいます。そういうところは、本当にすばらしいと思います。

　先生方には、本書や『初等教育資料』などを読んで勉強したり、地域の教育研究会やサークルなどを活用したりして、共に学んでいく中で自分の悩みなどを言い合えるような人間関係をつくっていくとよいと思います。

3　教科指導と学級経営の関係性

　学級経営は、「小学校学習指導要領解説　特別活動編」に示されているように、学級活動における子供の自発的・自治的な活動が基盤となりますが、特別活動だけで行うものではありません。**教科指導の中で学級経営を充実さ**

<u>せていくことも大切なのです</u>。結局、子供たちによい人間関係ができていなければ、いくら交流しても学び合いはできません。例えば発表しなさいと言っても、受け入れてくれる友達や学級の雰囲気がなければ発言しようという意識にはなりません。友達の意見をしっかりと受け入れて理解を深めたり、広げたり、考えや発想を豊かにしたりするためには、それができる学級集団をつくっていかなければなりません。低学年であれば、まず「隣の人とペアで話し合ってみようね」「グループで一緒に意見を言ってみようね」などといった段階を経験させておくことも大切です。

　教科指導の中で大事なものに、**学習規律**があります。例えば、自分の行動が人に迷惑をかけてしまう、また、この授業は自分だけのものではなく、みんな学ぶ権利があって、しっかりやらなければいけない義務があるというようなことを、子供自身が自覚し、自ら学習に取り組むことができるようにしていかなければなりません。

　そして、友達が発言しているときは途中で勝手に割り込まない、相手を見て最後までしっかり聞く、という基本的なことは学習における最低限の約束なので、学校として共通理解を図り、共通指導を行っていくことが望ましいでしょう。これは生徒指導とも大きな関わりがあります。

4　特別活動における基盤となる学級活動

　学習指導要領では、特別活動の内容として**〔学級活動〕〔児童会活動〕〔クラブ活動〕〔学校行事〕**の四つが示されています。前述のとおり、特別活動は各教科の学びの基盤となるものであり、よりよい人間関係や子供たちが主体的に学ぼうとする力になると同時に、各教科の力を総合的・実践的に活用する場でもあります。そういう点で各教科等と特別活動は、往還関係にあると言えます。特別活動の四つの内容も、各教科等と特別活動の関係と同じように、学級活動での経験や身に付けた資質・能力がクラブ活動に生きたり、クラブ活動での経験が児童会活動に生きたりといった往還関係にあります。その中で基盤となるのが、学級活動です。

　学級活動については、学級活動（1）は子供の自発的・自治的活動、つま

り学級の生活や人間関係の課題を解決していくために話し合い、集団として合意形成を図り、協働して実践すること、学級活動（2）は自己指導能力、今の生活をどう改善してよりよい自分になっていくか、学級活動（3）は現在だけではなく将来を見通しながら今の自分をよりよく変えて、なりたい自分になるため、自分らしく生きていくために頑張ることを決めて取り組んでいけるようにします。**学級活動は、このように（1）と（2）（3）では特質が異なるため、特質を生かしてしっかりと指導していくことが必要です。**

学級は子供にとって毎日の生活を積み上げ、人間関係をつくり、学習や生活の基盤となる場であり、そこから学校を豊かにしなければいけません。学級生活を豊かにするためには、目の前の子供たちを見つめ、どういう実態にあるのかをしっかりと把握し、どんな資質・能力を育んでいくのかを先生がきちんと考えることが必要です。

今回の学習指導要領では、活動の内容として、（3）が新たに設定されました。いろいろな集団活動を通して、これらを計画的・意図的に行っていくことが必要になります。

学級活動（1）で、議題箱に議題が入らないと悩んでいる先生が多くいらっしゃいます。これは、子供自身に経験がないため、どんな議題で話し合ったらよいか、その発想を広げることが難しいのです。学級会の議題を出させるためには、例えば、「上学年のお兄さん、お姉さんに聞いておいで」と指示したり、「先生は前のクラスでこんなことをやったよ」ということを話してあげたり、教室環境を整備したりといった取組が考えられます。各地の実践を紹介すると、「学級会でこんなことをやったよ」と、全学年、全学級の学級会で話し合った議題を提示している学校があります。また、ある学校では、教室に入ってすぐある掲示スペースに、次の学級会ではこんなことを話し合いますという学級活動のコーナーをつくり、子供たちがすぐに見て情報共有できるような工夫をしています。このような創意工夫が、子供たちが生活上の問題に気付く目を育てるのです。

また、**学級活動における板書の役割はとても大きいのです。**よく、「思考の可視化・操作化・構造化」と言いますが、構造化とはパッと見て分かるようにすることですから、意見を短冊に書いて、操作しながら分類・整理して

比べやすくしたり、話合いの状況や過程が分かるようにしましょう。こうした力は学級活動だけではなく、教科の学習でも生きてきます。

　学級活動の（2）（3）においても、「今日は1時間、こういう学習を経て、こういうことを学んだ」ということが板書で明確になっていないと、子供たちの学びは高まりません。ある地域では、**「つかむ→さぐる→見付ける→決める」**という四つの段階を経ることを基本事例として黒板に明確に示し、これを教科でも使用しています。最初に課題をつかみ、どうすればよいのかを話し合い、みんなで見付けた解決方法を発表し合い、自分の力で次の例題を解いていくのです。1回の話合いや集会などの実践だけが大事なのではなく、実践をもっと大きくとらえ、事前から事後までのプロセスを意識する必要があるのです。また、実践して終わりではなく、成果や課題について振り返り、次の課題解決につなげることも大切です。

　学級会における板書等の経験が、児童会活動の代表委員会で活用されるなど、汎用的な力となるようにします。また、特別活動で育成した話合いの力は、国語科や社会科のグループ活動などにも生きていきます。活動を通して子供たちにどんな力を付けさせたいのか、何のための実践なのかをきちんと意識して話し合い、次に課題があったらつなげていく。前の集会のときにこうだったから今度はこうしよう、というように経験を生かせるようにします。

　振り返りのときに、よく、「お友達のよかったことや頑張ったことを見付けましょう」と言いますが、よさを見付けるためには先生が『よさの視点』をしっかりもって子供に指導することが大切です。「どんなところがよかったのか」「課題は何か」などを具体的に示すことで、子供たちの学びが深まります。年間指導計画も例年同じ議題を例示するのではなく、今年はこういう議題で話し合って実践したということを特活部会等で話し合い、組織を生かしてよりよく改善していく、そういう姿勢も学級経営の充実につながるのではないでしょうか。

5　学校行事と学級経営の関係

　今回の学習指導要領の特別活動の目標では、「知識及び技能」で、「集団活

動の意義の理解」を示しています。このことは、行事も単に参加するのではなく、何のために参加するのかという意義を子供にきちんと理解させた上で、自分はどんなことを頑張るかという目標を立てさせて取り組ませ、実践して振り返ることが必要になってくるからです。

　学校行事の大きな特質は、学年や全校といった大きな集団で活動するという点です。学級でいるときよりも大きい集団の中での自分の立ち位置や、みんなで一緒に行動をするためには他者を考えなければいけないという点で、学校行事と学級経営は大きく関わってきます。

　日頃の学級経営を充実させ、学級としての集団の中で自分はこういうことに気を付けていこう、よりよくするためにみんなで決めたことを協力し合って頑張っていこうという意欲を高め、一人一人の子供がよさや可能性を発揮して活動することができるようにします。そこでの基盤はやはり、学級活動になります。

　特に学校行事の場合、高学年は係等でいろいろな役割を果たします。学級集団の中で役割を担い、責任をしっかり果たすという経験は、学校行事の中でも生きてきます。学級の中ではなかなか活躍できない子供も、異年齢の集団活動である学校行事やクラブ活動、児童会活動の中で活躍することによって、リーダーシップを発揮したり、メンバーシップの大切さを学んだりします。そして、自分もやればできるという自己効力感を感じたり、自分もこういうことで役に立てたという自己有用感を感じたりすることができるのです。例えば、集会活動には司会役やはじめの言葉など、いろいろな係分担がありますが、やりたい人だけがやるのではなく、学級のみんなが役割を担って集会を盛り上げ、責任を果たすことが大事です。

　話合いや実践後には、先生が子供たちのよさや頑張りを具体的に褒めてあげることも大切です。そして、内省し、友達に対して自分はどうだったかを考えることができる子供を育てるためには、振り返りを大事にします。

　「こんなことを頑張った」というプラス面を見ていきながら、「次はこういうことをもっと頑張ろう」と次に向かう力につなげ、前向きに頑張れる子供を育ててほしいと思います。

2年生の学級経営

「協働」の意識が高まる2年生

1年生との関係の中での成長

　2年生は、学校生活にも慣れて、友達と共に何かをやっていこうという気持ちがだんだん高まってくる時期です。そこで、学級活動を通して互いの仲が深まるような活動をぜひ充実してほしいと思います。地域により異なりますが、2年間で学級編制を行う学校では、1年生の1年間を振り返るとともに、2年生の終わりをゴールと考え、それに向けてどんなことを頑張っていこうかということを、年度当初に子供たちがしっかり考えられるようにすることが必要です。

　2年生にとって、1年生は初めての後輩です。生活科の学校探検などを通して、1年生と2年生は特に関わりが深いのではないかと思います。1年生と関わる活動を通して、**上級生としての意識や責任感といったものが、徐々に芽生えてきます**。1年生のときは、周りがみんなお兄さんお姉さんですから、「お兄さんお姉さんにこんなことをしてもらってうれしいね」「あんなお兄さんお姉さんになりたいね」という段階でしたが、自分たちが1年生のとき2年生にしてもらったことを、今度は2年生として1年生にしてあげなければいけません。けれども、いきなりお兄さんお姉さんだという意識は育たないので、「みんなはどんなことをしてもらってきたかな」という振り返りや、「こんなことをやってもらったから、自分はこんなことを頑張りたい」という目標を、年度当初にきちんともたせ、1年生にとって憧れの存在や目標になるのだという自覚を高めていく必要があります。

　また、2年生になると、**係活動にも広がりが生まれてきます**。1年生の係活動は、お仕事見付けから始まります。「窓を開けてくれたら助かるね」「電気を消してくれてありがとう」「整頓してくれたらみんなが気持ちよく過ごせるね」などというように仕事を見付けていきます。最初は当番的な活動が

多いのですが、子供たちの発意・発想を生かして徐々に創意工夫できるようにしていくことが大事で、**当番活動から係活動へだんだんと移っていくのがこの2年生の時期です**。子供が工夫して取り組む姿を見付けたり、「そういうの、いいね」という言葉かけをしたりして、係活動に広がりが生まれてくるのをきちんと見取り、褒めるようにすることが大切です。

中学年への円滑な接続を意識する

　1年生との関係だけでなく、新しい教科の学習も始まる**3年生への接続を意識することも重要です**。これは全ての学年で共通することですが、年度当初に学級活動（3）の授業を通して、「自分は何年生になってこういうことを頑張っていきたい」という希望や目標をもって生活できるようにします。そして、年度末に近付いてきたら、できるようになったことや、頑張ったことを振り返り、「次の学年に向けてなりたい自分はどんな自分なのか」ということを考えさせたり、「それに向けて、今の自分はどんなことが課題でどう頑張っていくか」「残りの日々をどう頑張るか」ということを意識できるようにします。これはとても大切で、キャリア形成につながっていきます。

　2年生の年度末には、「3年生ってどんなことをする時期なのかな」「どんな勉強があるかな」「どんな生活かな」という疑問を、子供たちが自分たちで調べたり、先輩の3年生に話を聞いてきたり、または先生が資料を用意したりするといったことが考えられます。こういった取組を行う上で大切なのは、**「どんな3年生になりたいか」という希望や目標をもつこと**です。3年生の学校生活を見通し、2年生の間にどんなことを頑張っていこうかと考えることが大事なのです。目標とする、または理想とする3年生の学級や学校生活に向けて、「今どんなことを頑張っていくか」「3年生の学習にスムーズに入るためにどんなことをやっていくか」を意識させることは学級活動の（3）に当たり、重要なことです。

　3年生や他学年の教師とも連携して、子供たちが3年生の学習や生活について調べたり、3年生の子供や先生にインタビューしたりするなど、子供たち自身が主体的に取り組むことができるようにします。不安や心配をこうした活動を通して解決し、スムーズな接続となるよう取組を工夫しましょう。

第1章

ちょっとひと工夫！
2年生の
教室環境づくり

教室掲示の配置

教室環境の基本スタイル

ねらい

2年生になり、学校生活にも慣れてきた子供たちです。あらためて、子供たちが楽しく豊かな学級生活を送ることができるような教室環境を整えることが大切です。

子供主体の教室掲示のレイアウト

　教室掲示のレイアウトは、子供たちの学習、学級生活に大きな影響を与えます。**教室前面の掲示物については、学習に集中できないという困難さを抱える子供たちも増えていることから、どの子供も落ち着いて学習できるようにシンプルなものにすることが求められます。**

　教室側面については、常設して貼り重ねていく学校だより等のお知らせや、学習コーナーを設定するケースが多く見られます。子供たちの学級生活の歩みを月ごとに作製し、掲示していくことも学級集団としてのまとまりを高める手立ての一つになります。教室背面については、特に背面黒板は子供たちにとって「学級生活のノート」であるという認識して活用することが大切です。学級活動コーナーとして次回の学級会の議題を提示したり、係活動のお知らせコーナーを設置したり、道徳コーナーを設けたりすることで、子供主体の教室環境づくりに直結します。特に、係活動については、係からのお知らせやお願いを自由に書き込める場所を設定することで、子供主体の豊かな学級文化を創造する教室環境となります。

　また、個人目標の掲示については、月ごとに振り返りをすることを根気強く行い、達成できた目標は改善していくという取組にすると効果的です。

第1章　ちょっとひと工夫！　2年生の教室環境づくり

▼教室側面の学習コーナーや、学級の歩みなどの掲示例

側面には、学習コーナーや学級の歩みなどを取り入れ、掲示物を累積したり更新したりし、背面黒板は「学級生活のノート」として活用します。

クラスの旗を作製した場合には、単なる掲示物にするだけではなく、その後の活用方法も検討しておくと効果的です。子供の自発的・自治的な活動を創造する掲示物にすることが大切です。

学級目標、係・当番活動の掲示

学級目標の設定と係・当番活動の位置付け

ねらい

学級目標は、担任の考えだけで決めるのではなく、学校教育目標の具現化を図ることができるような手立てを講じて設定することが大切です。

📖 子供や保護者の思いや願いを生かした学級目標

　学級目標の設定の仕方は、学級担任の教育理念を具現化するものとなります。具体的には、年度当初、保護者に学校教育目標を受けて**「どのような2年生になってほしいか」**というアンケート調査などを行い、その結果をまとめます。また、同様に子供たちにも学校教育目標を受けて**「どのような2年生になりたいか」**を調査してまとめます。この保護者と子供たちの思いや願いを勘案し、学級担任の教育方針に沿って、知育・徳育・体育の視点で学級目標を設定することになります。そして、学級活動で具体的な行動目標となる個人目標を意思決定して、日々の学級生活のめあてにしていきます。**その際、めあての達成に向けた取組は1か月程度で振り返り、目標を改善することも大切な指導の手立てになります。**

　係活動と当番活動については、2年生は1年生の入門期とは異なります。学級生活の充実と向上を目指して創造的な活動を展開する係活動と、学級生活を円滑に行うために責任をもって活動を展開する当番活動との特質の違いを徐々に明確にしていきます。具体的には、係活動としては「生き物係・新聞係・保健係・遊び係・誕生日係・飾り係」などが考えられます。当番活動としては「日直当番・給食当番・掃除当番・集配当番・連絡当番・体育当番」などがあり、全員で交替して分担します。

第1章　ちょっとひと工夫！　2年生の教室環境づくり

▼学級目標の例

2年1組
学きゅう目ひょう
　たすけあえる子
　よく聞き、はっきりはなす子
　目ひょうにむかってがんばる子

学級目標の文末表現は学級集団としての「〜のクラス」ではなく、集団は個々の集合体という視点から「〜の子」という文末にすることが個を生かす集団活動に直結します。

学校教育目標を受けて、保護者の思いや願い、子供たちの思いや願いを全員が共通認識した後で、教師の指導方針に沿って学級目標を設定することが基本となります。

座席の配置

クラスの実態に合った座席配置

ねらい

座席配置は、子供たちの学習や生活に大きな影響を与え、学級経営を左右します。クラスの実態を踏まえ、ねらいに即した配置にしましょう。

ねらいに即した座席配置の工夫

　座席配置は、教師のねらいに即して行われるものであり、学級経営の基盤となります。座席の配置方法は、子供の人数によって大きく異なります。一般的には、二人で協力しながら学習や学級生活を送ることができるようにするために、二人ずつ座席を合わせて列をつくる方法がとられています。その際、子供の数が偶数でない場合には、三人組で座席を合わせる手立てを講じます。場合により、個々の子供が集中して学習や生活ができるようにすることをねらいとして、一人一人の座席を離して配置する方法もあります。

　列の配置については、黒板に向かって全ての列を正面に向けて配置する場合や、黒板が見やすいように外側の列を「ハの字」に配置する場合があります。また、学級会等でよく見られるように「コの字」の配置にして、互いに顔を見ながら学習する座席配置も効果的です。

　基本的な座席配置をもとに、いわゆる生活班として4人程度のグループ編成をするという実践が多く見られます。**学級生活では、給食を一緒に食べるグループや清掃当番を一緒に行うグループ、体育科や生活科等の学習を行うグループ等の多様なグループ編成を行うと効果的です。**これらのグループ編成を、座席配置との関連で行うことにより、2年生にとってあまり複雑にならないようにすることも大切な学級経営の視点となります。

第1章　ちょっとひと工夫！　2年生の教室環境づくり

▼座席を「ハの字」に配置した例

座席配置は、どの位置からも黒板が見やすいようにハの字にするなどの配慮が大切です。また、学級の実態によっては、机を付けずに個々に机を配置する方法もあります。

グループでの座席編成も、座席配置との関係から、素早く移動できるようにすることが大切です。基本となる生活班の編成についても検討しておくことが大切です。

読書コーナーの設置

 # 読書コーナーを
つくろう！

ねらい

2年生の子供たちは、読書が大好きです。その読書が、子供たちにとってより楽しいものとなるように、教室内に読書コーナーを設置すると読書への意欲が向上します。

「おすすめの本」を紹介する活動

　教室内に読書コーナーがあると、子供たちの読書への意欲を高めることにつながります。中でも、**読書コーナーに「おすすめの本」の紹介をする場があると、子供の興味・関心が高まります。**この「おすすめの本」の紹介をする活動には、次のような方法があります。

①読書コーナーに設置した本棚の前に「紹介したい本を目立つように立てておく」だけでも本への関心を高めることができます。

②図書係の活動として、担当の子供たちがクラス全員にアンケート調査を行い、「クラスの人気の本ベスト5」を新聞などにまとめて掲示する活動も効果的です。

③読んだ本の感想をもとに「イラストと短文で本を紹介するコーナー」を設けて、全員が自分なりに本を紹介する方法もあります。

④図書委員会の高学年の子供たちからの「おすすめの本」や教職員や保護者、読み聞かせボランティアの方からの紹介も大切な手立てとなります。

　気を付けたいのは、**子供たちを競わせて読書への意欲を喚起させるような方法をとらない**ということです。あくまでも内発的な動機付けを重視することが大切です。

第1章　ちょっとひと工夫！　2年生の教室環境づくり

▼読書コーナーの本棚の前に「おすすめの本」を立てた例

読書コーナーの本棚の前に、おすすめの本を立てておくだけでも子供たちの意識は変わります。おすすめの本の絵を掲示することも読書への意欲を高める方法の一つです。

段ボールを活用した本棚の周りを図書係の子供たちを中心に、飾る活動を取り入れる方法もあります。子供たちの創意工夫を生かすことも読書への意欲の向上につながります。

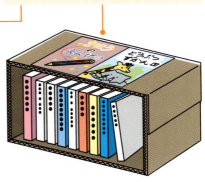

掲示物は分かりやすく①

当番活動の掲示のコツ

----- ねらい -----

掲示物は、学級の環境づくりに大きな影響を及ぼします。特に、子供たちが責任をもって活動する当番活動に関する掲示物は、ひと目で分かるようにすることが求められます。

主体的に取り組む当番活動

当番活動は、学級での集団生活を円滑に進めるために、とても大切な活動です。当番活動の内容としては、一般的に日直当番、給食当番、清掃当番などが考えられますが、プリント類を集めたり配ったりする活動を当番活動として設定することも考えられます。

1年生のときとは異なり、**2年生になると少しずつ当番活動と係活動の特質を踏まえ、活動を分けて実践できるようにしていくことが求められます。**

具体的には、教師が学級経営上必要であると認識し、全員で交代しながら責任をもって実践する活動を当番活動とします。一方、係活動は、学級生活が豊かになるような活動として、子供たちの発意・発想を大切にした創造的な活動を行うことになります。

当番活動としての日直当番、給食当番や清掃当番の活動は、子供たちが責任をもってやらなければならない活動として、その出来映えや成果を問うものとなります。仮に責任を果たせなかった場合には、やり直しをさせることもあります。当番活動は、このような特質を有するからこそ、教師は子供たちが主体的に取り組むような手立てを講じ、一人一人の子供が学級への所属感や効力感を抱くことができるようにすることが求められます。

▼給食当番表の掲示物の例

給食当番、清掃当番は、誰が何を担当するか、その役割が明確になるように掲示物を作製します。輪番制で行うように、学級としてのルールをつくっておくことが大切です。

日直当番は、二人以上で行うことが大切です。子供たちが互いに助け合って活動できるようにすることが求められます。具体的な活動内容も明記しておく必要があります。

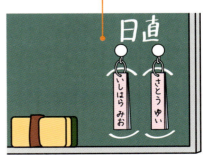

掲示物は分かりやすく②

健康・安全指導の掲示のコツ

> **ねらい**
>
> 健康・安全に関する指導は、子供たちの学校生活を支える基盤となるものです。子供たちに健康・安全の意識を高める上で、掲示物は大切な役割を担うことになります。

健康・安全指導に関する効果的な掲示物

　健康・安全指導への子供たちの意識を高めるために、掲示物は大切な役割を担います。

　特に、2年生における健康・安全に関する指導は、一般的に教育課程上の枠組みとしては学級活動で扱います。したがって、個々の子供によって身に付いている習慣が異なることを学級内で共通の課題として取り上げ、一人一人が取り組んでいくことになります。このような指導は、日常的に意識化を図りながら取り組むことが大切です。そのため、子供たちが目にする掲示物には大切な役割があります。

　健康に関する掲示物としては、主に流し場に掲示されることの多い**「手洗い・うがい」**や**「歯磨きの仕方」**などの掲示物が取り上げられます。また、低学年では**「トイレの使い方」**等についても大切な掲示物となります。

　安全に関する掲示物としては、主に廊下に掲示されることの多い**「廊下歩行」**についての表示や、階段・手すりでの**「危険防止」**に関する表示を取り上げる学校があります。

　いずれの場合も、簡潔な表現で2年生の子供たちに分かりやすく、子供たちの内発的な意欲を喚起できるような掲示物にすることが求められます。

▼廊下歩行についての指導の掲示例

安全な廊下歩行は、学校生活における集団生活をする上で大切な指導です。「は・さ・み」の約束などを活用して簡潔で分かりやすい掲示物にすることが大切です。

手洗いについては、高学年が担当する保健委員会の活動との関連を図ると効果的です。その際、2年生も読めるように漢字にルビを振るようにすることが大切です。

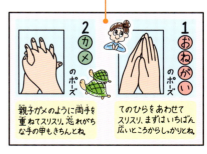

掲示物は分かりやすく③

子供たちの作品掲示のコツ

ねらい

2年生になると、子供たちの力で掲示物を作製できるようになります。特に、係活動を効果的に活用して、子供たちの創意工夫した作品を掲示すると学級文化の創造につながります。

子供たちの創造的な活動の促進

2年生の子供たちは、自分たちで創作する活動に意欲をもって取り組みます。例えば、学級会での話合い活動の際に、話合いの目的を明確にするために重要な役割を果たす「提案理由」を、紙芝居風の掲示物にして表現するという方法があります。

また、**係活動が活発になってくると、子供たちが進んで創造的な掲示物をつくるようになります。**具体的には、「飾り係」が教室内をきれいにすることや教室をもっと明るくすることを目標として、教室に飾る掲示物をつくるという実践があります。「生き物係」の活動として、教室で飼っている金魚の名前をクラスのみんなに募集するポスターや、金魚の世話の仕方を説明する掲示物をつくる活動も見られます。「新聞係」が「クイズ係」の出したいクイズの問題を学級新聞に掲載するという掲示物もあります。

各教科での学習によって作製した掲示物もたくさんあります。掲示スペースとの関係もありますが、子供たちにとって分かりやすく見やすい掲示物になるようにすることが求められます。子供たちの創造的な活動を促し、子供たちの手による掲示物がたくさん見られるような教室にしていくと、豊かな学級文化をつくり上げることができます。

第1章　ちょっとひと工夫！　2年生の教室環境づくり

▼学級会の議題提案理由の掲示物の例

2年生の学級会における議題の提案理由は、文字で長く書いても理解しにくい面があるため、紙芝居風にして視覚的に分かりやすい掲示物にすると効果的です。

2年生の子供たちは、折り紙が大好きです。教室内の景観や学習環境としての場の雰囲気に配慮しつつ、子供たちの手による掲示物を多く取り上げていくと効果的です。

自分たちのオリジナルの掲示物

オリジナル掲示を
つくろう！

―― ねらい ――

子供たちの思いが詰まった学級独自の掲示物は、その学級らしさを表し、子供たちの帰属意識を高めます。自由なアイデアを生かし、学級文化としての掲示物をつくります。

学級に対する子供たちの思いが表れる掲示物

　教室環境としての掲示物を少し工夫することで、教室が明るく落ち着いた雰囲気になります。特に、**子供たちが発案し手を加えてつくったものは、それを見る子供たちの学級への帰属意識を高めたり、満足感や自己肯定感を高めたりします。**子供たちの活動の様子を表し、変化のある掲示物を、子供たちと一緒につくることで、学級としての文化の高まりも期待できます。2年生では、掲示物そのものを子供たちだけで作製するのは少し難しいでしょう。教師がつくる掲示物に子供たちのアイデアを加えたり、子供たち一人一人が書いたものを合わせたりして一つの掲示物にする工夫ができます。また、少人数で協力したり分担したりして、みんなで掲示物をつくる活動にも取り組むことができるようになってきます。

　「学級活動（1）」との関連を図り、子供たちが計画を立てることも効果的です。例えば、係活動発表会の際、活動の記録のまとめやみんなへのお知らせを書いたポスターをつくることで、自分の係活動に自信をもち、他の係への関心を高めることができます。また、こいのぼりや七夕、クリスマスなどの集会活動に合わせて教室の飾りをつくる活動では、一人一人が学級への所属感を高め、集会活動への意欲を向上させることができます。

▼子供たちと一緒につくった掲示物の例

1年間の歩みや学校行事の写真を掲示すると、思い出を振り返るのに便利です。子供のコメントが入るとみんな注目します。全員の子供をバランスよく掲載するよう配慮します。

伝統行事に関わる掲示は、季節感を演出するとともに、子供たちの創作意欲をかき立てます。集会活動と関連を図ったり、実態に応じて子供たちが作製したりしましょう。

生活科コーナーの設置①

生き物コーナーの設置（生命尊重）

ねらい

子供たちは生き物が大好きです。生命尊重の意識を高めるためにも、生活科で学んだことを日常に生かすコーナーを教室内に用意するとともに、活動を支援します。

楽しく清潔な生き物コーナーの工夫

　子供たちにとって、動植物の飼育や栽培は、発見や感動の連続です。子供は自分の育てる動物や植物の成長を楽しみにしながら、日々の関わりを深めていきます。継続的に動植物の世話をすることで、身近な動植物に関心をもつとともに、それらが生命をもっていることや成長していることに気付くのです。

　教室に生き物コーナーを設置する場合には、**何よりも周辺の整理整頓、また飼育するゲージや水槽、虫かごなどを清潔に保つことが大切です。**そして、子供たちが十分に生き物に関わることができるような工夫が求められます。例えば、生き物の世話に必要な用具は1か所にまとめ、整頓しておいた写真を近くに掲示しておきます。えさやりの当番表に加え、えさのやり方や量についても記載しておくと間違いありません。生き物の生態やミニ知識について、できれば子供たちが調べたことや発見したことを掲示したいものです。

　また、生き物係の活躍の場として、日頃の世話以外の活動を進めることもできます。「えさやりのじゅんばんをきめよう」「金魚に名前をつけよう」など、係からの提案により「学級活動（1）」として話し合うことも効果的です。

第1章　ちょっとひと工夫！　2年生の教室環境づくり

▼教室の生き物コーナーの例

水槽を日当たりのよい窓際に置くとコケが発生してしまいます。

えさは1日1回
水かえのお手つだいがしたい人は生きものガカリまで

えさやネット、フィルターなどは1か所にまとめ、整頓しておきます。

えさをやったり水を替えたりする役割をしっかりと決めておくことは重要です。係の子供だけに任せず、学級の全員が関わることができるようにすることが適切です。

小動物を飼う上で注意しなくてはならないことを伝えるとともに、子供たちが話し合って約束を決めるようにすると効果的です。衛生面については、しっかりと指導します。

生活科コーナーの設置②

昔遊びコーナーの設置（伝統文化）

> **ねらい**
>
> 伝統文化に触れ、多様な年代の方々と関わることで、子供たちはよりよく成長します。生活科の学習と関連させながら、教室内に昔遊びコーナーをつくり、子供の関心を高めます。

思わずやってみたくなるような昔遊びコーナー

　子供たちが、直接自分の手や身体を使って遊ぶ、それが昔遊びの醍醐味です。遊ぶためにも技能の習熟が必要であり、子供たちにとっては難しく感じるものも少なくありません。それでも、友達と競い合ったり教え合ったりして、一つ一つの種目や技にチャレンジし、やりがいと達成感をもちながら遊ぶことができる魅力があります。友達との関わり合いを通して、約束やルールが大切なこと、それを守って遊ぶと楽しいことなどに気付いていきます。

　また昔遊びは、多くの学校で「名人」や「先生」と呼ばれる地域の方々やお年寄りに教えてもらいます。地域の方との関わりの中から「自分もできるようになりたい」「あんな遊びをしてみたい」という意欲を高めることが大切です。

　教室に昔遊びコーナーを設置する場合には、遊び係の活躍の場を広げることができます。 係の子供が休み時間などに技や遊び方を紹介する活動では、朝の会や帰りの会で日程や時間を他の子供に連絡したり、ポスターを書いて知らせたりします。また、係からの提案として「学級活動（1）」で話合い活動を行うこともできます。みんなで道具の使い方に関するきまりをつくるなど、自治的な活動につながる取組が求められます。

第1章　ちょっとひと工夫！　2年生の教室環境づくり

▼教室の昔遊びコーナー例

技能が必要な遊びでは、遊び方の例として簡単な技から難しい技まで、段階を踏んで挑戦させます。競争心をあおりすぎることがないよう配慮が必要です。

子供同士の関わり合いを促進させるためにも、教え合いができるような環境づくりを行いましょう。できるようになったら教え役となって活躍できるようにします。

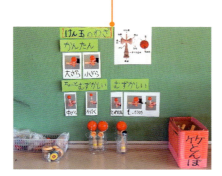

037

第2章

これで完璧！
2年生の学級づくりのコツ

2年生の学級開き

学級のスタートキーワードは「仲間づくり」

ねらい

始業式当日の教師と子供との出会い、子供同士の出会いは、その後の学校生活に大きな影響を及ぼします。特に、子供同士の仲間づくりは学級経営の基盤となります。

子供同士の関係を築く学級経営

始業式当日の教師と子供、子供同士の「出会い」は、教師の働きかけにかかっています。

学年に複数学級ある場合には、多くの学校で毎年クラス替えを行うケースが増えているため、1年生までとは異なる人間関係が生じてきます。その関係をよりよいものにするための「出会い」を演出するのが、教師の大切な役割です。そして、その後のよりよい「仲間づくり」を構築していくのが、学級経営上とても大切な教師の指導となります。

まずは、教師が子供たちに自分自身のことを開示し、教師と子供との信頼関係を築くことが学級経営の基盤となります。

子供同士の関係としては、1年生までに違うクラスであった子と仲間のよさを紹介し合い、互いに認め合うような活動を取り入れていくと効果的です。例えば、一人一人が「自分の名前と好きな教科・好きな給食」などを紹介しながら、全員と握手をするなどの活動を取り入れる方法もあります。

単学級で、クラス替えのない場合には、1年生のときの人間関係を踏襲することになりがちなので、教師はよりよい「仲間づくり」に向けての様々な指導の手立てを講じていく必要があります。

教師と子供との「出会い」の工夫

「私の名前は『なかいたけし』です。これからみなさんと、このようなクラスをつくりたいと思っています。さて、この黒板に書いてある文章の中に、私の名前が隠れています。見付かる人はいるでしょうか」。

子供同士の「出会い」の工夫

4人程度のグループを編成します。それぞれ、順次「○○さんの隣の○○です」と自己紹介をします。自分の名前を言う前に「好きな食べ物」などのテーマを付け加えて話すと楽しい「出会い」になります。

「仲間づくり」の活動を展開する視点

○ どの子供も活躍できるような場面を設定するために「給食・掃除・遊び・帰りの会のリーダー」などの『場面リーダー制』の考え方を取り入れていくと効果的です。どの子供にもリーダーシップを発揮できる場面を設定することで、互いのよさを認め合い、支え合う学級集団となります。

○ 一人一役としての活動から、二人一役、三人四役等の役割分担をすることで、互いに関わり合う活動を取り入れていくことが求められます。

POINT！ ── 仲間づくりのポイント ──

学級内の「仲間づくり」は、子供同士が関わる活動を意図的に取り入れることが前提となります。そのためには、輪番制で活動する当番活動の役割分担の在り方や、学級生活を豊かにする係活動への指導の在り方が重要になります。

学級目標のつくり方

みんなでつくる学級目標

ねらい

学級目標づくりは、学級経営の基盤となります。学級担任の考えだけで決めたり、子供たちの話合いに委ねたりすることなく、三者の思いや願いを生かすことが大切です。

📖 三者の思いや願いを生かした学級目標づくり

　学級目標は学級生活の基盤であり、子供たちの向かう方向性を示す羅針盤でもあります。単に教師の好きな座右の銘を学級目標にしたり、他からの受け売りのキャッチコピーを語呂合わせで設定したりすることは望ましい方法とは言えません。

　学級目標は学校教育目標を受けて、「教師の教育方針」をもとに**「子供の思い」**と**「保護者の願い」**を取り入れることが基本となります。一般的には、人格形成の中核となる「知育・徳育・体育」の視点で設定します。

　子供たちには**「どのような2年生になりたいか」**というアンケートをとります。保護者には文書等で依頼をして**「どのような2年生になってほしいか」**という調査をし、その集計内容を子供たちに伝えます。ここで取り上げた「子供の思い」や「保護者の願い」を集約した内容を教室に掲示しておくと、それぞれの思いや願いが可視化され、個々の考えを生かしていくことにつながります。これらの結果を集約して、教師が子供に促しながら学級目標を設定することになります。その際、学級集団は個の集合体としての認識を重視する必要があります。具体的には、学級目標の文言を「〜のクラス」という文末表現ではなく、**「〜の子」**という表現にすることが求められます。

「子供の思い」の集計

2年生の子供たちが「どのような2年生になりたいか」という問いに対して、回答した結果をまとめたものの一部です。

> ○しっかり勉強をする子　○誰とでも仲よくする子　○元気に遊ぶ子　など

「保護者の願い」の集計

右のアンケートをもとに、保護者の願いをまとめたものの一部です。

> ○誰にも優しくできる子
> ○集中して勉強する子
> ○最後までやり抜く子
> ○外で友達と元気に遊ぶ子

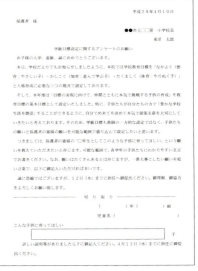

保護者へのアンケート用紙

このような「子供の思い」や「保護者の願い」を生かしながら、学校教育目標との関連を踏まえて、学級目標を設定することになります。

2年1組学級目標
○男女だれとでもなかよくできる子　　○友だちをさそってあそぶ子
○楽しくしゅうちゅうして勉強する子

2年2組学級目標
○なかよくできる子　○話をよく聞く子　○元気にあそぶ子

学級目標設定のポイント

2年生の段階であっても、学級目標は教師だけで決めるのではなく、学校教育目標を受けて、教師の教育方針をもとに「子供の思い」と「保護者の願い」の三者の考えを取り入れて設定することが求められます。

> 朝の会・帰りの会の基本

再確認！　朝の会・帰りの会の進め方

> **ねらい**
>
> 朝の会・帰りの会は、日直当番等の子供たちによる進行で行われることが多いようです。その活動は輪番制で行い、どの子供も担当できるようにすることが求められます。

一人一人の子供が主役となる「朝の会・帰りの会」

　「朝の会・帰りの会」は、1日の学校生活に折り目を付ける大切な時間です。
　その役割は、一部の子供だけが担うことなく、全員が交代して行うことが基本です。どの子供にも進行役としてのリーダーシップを発揮する場を与えることにより、子供同士が認め合い、支え合う時間となります。仮に、日直の子供がうまく進行できなかったり、上手に役割を果たせなかったりしても、一緒に担当する子供が支えられるよう、二人以上で担当すると効果的です。**また、日直当番がうまく進行できなくても、学級全員で支えるようにし、学級内の支持的な風土づくりをしていく時間にもなります。**

　朝の会・帰りの会は、学級担任の学級経営を表す時間とも言えます。特に、「朝の会」では、一般的には朝の挨拶を行い、教師が子供たちの健康観察を行います。このとき、学級の友達の健康状態をしっかり聞く指導を根気強く行うことが大切です。また、「帰りの会」では、1日の学校生活を振り返ったり、翌日の連絡事項を確認したりします。「今日のMVP」と称して頑張っていた友達を紹介する場を設けていることがありますが、**どの子供も取り上げられているか**ということが課題です。大切なのは、どの子供も主役となる場を設けることであり、常に全員の子供に目を向けることです。

朝の会のプログラム例

朝の会の進行は子供たちが行うようにします。特に、朝の会では、健康観察の役割が重要です。健康観察後に教師が「Aさんは足が痛いので体育のときは気を付けてあげてね」といった話をすることで、友達を大切にすることを学ぶ貴重な機会になります。

○朝の挨拶
○今月の歌
○健康観察
○先生の話
○（係・当番からの連絡）
　　　　　　　　　　　　など

帰りの会のプログラム例

帰りの会は、1日の学校生活を振り返るとともに翌日の学校行事等を確認し、学校生活への期待感を高める時間です。特に、一人一人の子供が主役となるようにするためには、全員から称賛される場面を意図的に設定します。その意味からも「今日の日直さんのよかったこと」といった場を設けることが大切な視点になります。

○日直さんのよかったこと
○今日うれしかったこと
○係・当番からの連絡
○先生の話
○帰りの挨拶　　など

今日、楽しかったこと、うれしかったことを発表してください。

今日、レク係が計画してくれたドッジボールが楽しかったです。

Aさんが給食当番を手伝ってくれてうれしかったです。

朝の会・帰りの会のポイント

朝の会・帰りの会の進行は、子供たちが行うようにすることが大切です。朝の会と帰りの会の趣旨を踏まえ、時間内に終了することを念頭に置きながら、一人一人の子供が活躍でき、互いのよさを認め合えるような時間にします。

誰もがリーダーになる班づくり

班づくりで「思いやりの心」を

ねらい

学級生活の基盤となる生活班。活動を通して一人一人に思いやりの心やリーダーシップ、メンバーシップ体験を育てます。

 ## 活動を分担し誰もがリーダーに！

　座席をもとに編成された生活班は、子供たちにとって学校生活での居場所となります。

　学級編制当初は隣の友達との交流からスタートしますが、学校生活を快適に過ごすには生活班が大切になります。はじめは近くに座っている友達から、「楽しい〇〇班」に変えていく必要があります。そのためにはめあてや約束、分担が必要となります。ここでは、生活班について考えていきます。

　生活班の中で場面リーダー制をとりましょう。班長を固定するのではなく「〇曜日は〇〇さん」というように曜日ごとに班長を変えるようにします。「集め当番」「配り当番」「体育での準備当番」「班ごとの話合いの司会」というように、役割を分化します。

　給食の片付けについては、班内で分担する学級が多いようです。お盆、食器、牛乳等固定するのではなく、輪番で分担するようにします。特定の子供がいつも同じものを片付けるとトラブルの発生要因となりかねません。

　役割を分化することで友達への感謝が生まれます。友達への感謝は班内の楽しい雰囲気に、楽しい雰囲気は思いやりにつながります。

　「学級活動（1）イ　学級内の組織づくりや役割の自覚」で扱います。1単位時間の活用が難しい場合には、朝の会・帰りの会を活用します。

①班紹介カード

　班の中でリーダーを輪番にすることで、全員がリーダーシップを体験できます。リーダーシップ、メンバーシップをそれぞれ経験することは思いやりのある行動につながります。「月曜リーダー〇〇さん」「火曜リーダー〇〇さん」と曜日ごとに分担する方法があります。

（　　　　）グループ・メンバー表			※グループ名のネーミングを相談して決める
リーダー	しごとぶんたん	メンバー	はんのためにがんばること
あつめリーダー（月）	あつめ	〇〇　〇〇	…
くばりリーダー（火）	くばり	△△　△△	…
生活リーダー（水）	つくえならべ	□□　□□	…
はんの　しょうかい 　　とっても明るいえがおいっぱいの〇〇グループです。よろしくね。			

※上のような班紹介カードに記入して、一人一人が責任をもって取り組むようにすることも効果的です。

②仕事カード

　リーダーには右のカードを渡し、仕事内容を確認することも責任感を育てることにつながります。困難さを抱える子供をはじめ、援助が必要な子供には友達が補助してもかまわないことを学級全体に伝えます。また裏面には班全員の名前を書き、「1日ありがとう」等のメッセージを記入し、帰りの会で次の人に渡すようにします。

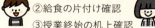
はん　リーダーカード
①話合いの司会
②給食の片付け確認
③授業終始の机上確認

―― 班づくりのポイント ――

　学級生活の充実と向上のためには、温かな人間関係が肝要です。班での競争をもとにした活動では、ぎすぎすした人間関係となります。班同士の競争ではなく協働の活動となるようにしましょう。

給食当番・清掃当番のコツ

2年生では「責任」を！給食当番・清掃当番

ねらい

給食当番、掃除当番の当番活動に責任をもち、活動が学級生活の充実と向上につながっている自覚をもたせます。

📖 責任が明確になる当番活動

学級生活の充実と向上のためには、一人一人が役割を分担することが肝要です。1年生では年度当初、清掃に6年生が手伝いに来てくれる学校もありますが、2年生は4月のスタートから自分たちで活動します。

給食当番、清掃当番、日直当番など、学級生活には様々な当番活動があります。当番活動は「やらなければみんなが困ること」「分担された責任をまっとうすること」という自覚をもたせることが大切です。こうした活動はキャリア教育とも関連します。

自覚をもたせるためには、子供が見て分かる「分担表」の作製や、仕事の手順を明確にすることが必要です。また、仕事の終わりに振り返りを行うことやチェックカードの作製も効果的です。

給食当番では、安全面の配慮も必要です。汁物の食缶等、重かったり熱かったりするものがあります。複数の子供で運ぶことはもちろんですが、当番の子供だけで行うのではなく、教師がそばについて安全面について見守りをすることが求められます。

「学級活動（2）エ　食育の観点を踏まえた学校給食と望ましい食習慣の形成」「学級活動（3）イ　社会参画意識の醸成や働くことの意義の理解」で指導します。

①分担表で仕事の可視化

清掃当番表、給食当番表を作製し、誰が何の当番なのかが全員に分かるようにします。仕事が滞ったときに友達同士で声かけすることにもつながり、分担された仕事を責任をもって行うことにもつながります。

配ぜん台	おぼん	小食缶	大食缶	食器	パン・めん・ごはん	牛乳・デザート
あおき はるか きむら そうた	うえはら あや たなか しんじ	すずき ななみ ほんだ けんいち	やまだ さくら こいけ りさ	えとう りゅう しまだ ひろき	おがわ はると なかむら まい	かとう みな いとう ゆうき

②仕事内容を明確に

掃除の仕方について学校で統一しているところもありますが、発達の段階に合わせ、右のような掲示物をつくって活用することも効果的です。

③振り返りカードの活用で後始末をしっかりと

清掃後、振り返りカードを使って振り返ります。給食当番も片付け後に集まり、終わりの確認を当番全員で行います。

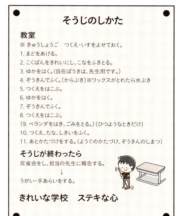

―― 当番活動のポイント ――

全員で分担し、協力して活動することが大切です。誰が何をどのように行うかを「見える化」し、子供たちが相互に確認できるようにします。

学級通信作成のコツ

学級通信の基本＆チャレンジ

ねらい

学級通信は、教師と保護者との心の架け橋になるものです。全体の構成や発行期間、文章表記などについての基本を踏まえ、保護者との信頼関係を深めるように努めます。

📖 保護者と心の通い合う学級通信

学級通信は、教師が保護者宛に発行することを基本とします。時には、保護者からの感想等を書いてもらうこともよい方法です。

学年だよりは、学年として取り組んできた活動の様子や諸連絡、学習や行事の予定を伝えることで「たより」としての役割を主としています。

一方、学級通信には、**学級の子供たちの学習や生活の様子、子供たちの短作文や感想文等を掲載し、保護者にその感想を聞く「通信」としての役割を見いだすことができます。**学級通信だからこそ、担任の思いや子供たちの学級生活の様子を保護者に伝えていくことができ、保護者との信頼関係も深まっていくことにつながります。学級通信では、題名を子供たちに募集してみたり、その題字を子供たちが交代で書くようにしたりすることも工夫の一つです。また、遠足や運動会等の学校行事を終えた感想や詩などを掲載することも効果的です。その際、**全員の子供の作品を掲載することと、掲載に関して子供本人に確認をとることも必要です。**保護者の感想等を掲載する際にも、掲載してよいかどうかを確認することが求められます。なお、学級担任が発行するものであっても、学校として配付する文書なので、管理職へ起案し、決済を受けることは大切な視点です。

学級通信の作成・基本のポイント

①保護者向けの文章として作成します。
②学級の子供たちの様子を掲載します。
③全員の子供を掲載しているかを確認します。
④週に1回、月に2回など、発行期間を定めます。
⑤掲載内容のおおまかな構成を構想します。
⑥文に主述の歪みなどがないように校正します。
⑦早めに起案し、管理職の決済を受けます。
⑧数回に1回程度、保護者からの返信欄を設けます。

Aさんはいろいろな場面で活躍しているけど、他の子供たちの頑張っている様子をもっと取り上げよう。

学級通信の作成・チャレンジ例

①題字の工夫例

2年1組学級通信　4月9日 No,1
学級通信
題名は子供たちと相談して決めます

2年1組学級通信　4月23日 No,3

今回の題字はAさんの作品です

②子供の様子や作品の掲載例

生き物係では、生き物新聞をつくったので見てください。

【係活動の様子】

生活科のまち探検で、お店の人と話せて楽しかったです。

【短作文の作品】

学級通信のポイント

学級通信は、教師が保護者に学級の子供たちの様子を伝え、情報を共有しながら保護者との信頼関係を築くために「通信」として発行するものです。発行に当たっては、管理職に内容を必ず確認してもらい、学校としての責任ある文書として発行することが求められます。

学年だより作成のコツ

学年だよりの基本＆チャレンジ

ねらい

学年だよりは、第2学年としての教育方針や教育活動の様子、依頼事項や連絡事項を伝えるたよりとして、学校だよりに次ぐ公的な文書として作成されるものです。

📖 保護者の理解を深める学年だより

　学年だよりは、第2学年の教育方針等を保護者に伝え、理解を深める学校としての公的な文書です。単に、行事予定や持ち物等の連絡に終始することがないように、掲載内容に工夫を凝らし、文章表現にも十分に配慮する必要があります。例えば、時候の挨拶文にも、一般的な季節等の文章だけでなく、子供たちの活動の様子を盛り込むと温かな書き出しとなります。また、学校行事や学年行事等の連絡をする際にも、日時や場所の連絡だけでなく、教育活動としての意義や行事のねらいなどを盛り込んで掲載すると、学校教育に関する保護者の理解も深まります。

　文章表記については、保護者向けの文章として、**専門的な教育用語はできる限り使用せずに平易な言葉で分かりやすく、読みやすい文章にすることが大切です。**また、活動の様子を伝えるために、子供たちの写真を掲載する際には、該当の保護者には事前に許諾を得ることも大切な配慮です。

　一つの文章表現、取り上げた一つの記事によって、時には保護者の信頼を損なうことにつながります。学年内で内容の構成や文章表現等を見合うとともに、管理職へ早めに起案し、承認を受けて発行することが求められます。

学年だより作成・基本のポイント

①保護者向けの文章として作成します。
②学年の子供たちの様子を掲載します。
③月に1回程度等、おおまかな発行期間を定めます。
④掲載内容のおおまかな構成を構想します。
⑤早めに起案し、管理職の承認を受けます。

学校行事の記事が多くなっているので、家庭での学習についても触れて……。

学年だよりの作成・チャレンジ例

①題名の意味の掲載

4月号には、学年だよりの題名の由来を記載することが多く見られます。その後の号にも表題の下に簡潔に記載しておくと保護者にもよく伝わります。

> ○○小学校 第2学年学級だより　　　　　5月1日 No,2
> # ホップ・ステップ・ジャンプ
> 2年生の子供たちが、日々少しずつ成長していくことを願った題名です

②教育コラムの掲載

子供たちの学校生活の様子や連絡を掲載するとともに、「教育コラム」などと題して教育情報を提供することも学年だよりの質を高める上で効果的です。

> 自分が正しく、それに合わないことは誤りだとする考え方は怒りを生み、心に乱れを生み出します。怒りに感情を支配されないためにも、人との違いを認める『相違思考』が大切なのです。

教育コラム（例）

学年だより作成のポイント

学年だよりは、学校だよりに次ぐ学校としての大切なたよりです。保護者の信頼を得るためにも、文章表現や取り上げる記事に配慮するとともに、管理職に早めに起案し、承認を受けて発行することが求められます。

やる気を起こし、成長を促す褒め方・叱り方

2年生への褒め方・叱り方

ねらい

子供たちのやる気を起こすための褒め方、一人一人の成長を促す効果的な叱り方について考えていきます。

 みんなの前で具体的に褒め、一人のときに短く叱る

教師は褒めたり叱ったりしながら子供たちの成長を願い、多くのことを伝えます。大人でもそうですが人の前で褒められるとうれしく、人の前で叱られると自尊心が傷付き、叱られた内容よりも「恥をかかされた」という気持ちの方が大きくなります。

褒めることにより、子供の自己肯定感が育ちます。自己肯定感が強い子供は失敗したり困難にぶつかったりしてもくじけない子供に育ちます。褒めるときには、効果を上げるためにも**みんなの前で具体的な行動内容を褒めます**。褒められた子供はもちろんですが、周りの友達の「ああいう行動がよいことなのか」という理解につながります。

私たちが子供を叱るのは悪い行いをやめさせ、正しい行いを身に付けさせるときです。命に関わる危険な行為やいじめなど人権に関わる行為は別ですが、**叱るときに怒りの感情を込めてしまうと伝えたいことが伝わりにくくなります**。また、叱るときは複数のことではなく**端的に短く**叱りましょう。

子供が興奮状態のときにはまず落ち着かせ、教師も子供も冷静な状態のときに叱るようにします。「学級活動（3）ア　現在や将来に希望や目標をもって生きる意欲や態度の形成」と関連を図って指導します。子供たちの生活意欲の向上は豊かな自己実現につながります。

上手な褒め方
①課題完了を待たず、はじめでも、途中でも褒める
　課題が全部終わってから褒めるのではなく、課題に取り組み始めたところを褒めることで取組に効果が現れます。褒められ慣れていない子供は、途中でも具体的に褒めることで集中力が長続きします。

②できないことを注意するのではなく「できた」ところを褒める
　成功体験の少ない子供は、「またできないのでは」「失敗したらどうしよう」と不安になりがちです。わずかなことでも「できた」ことを褒めることで子供は自信をもち、やる気につながります。

上手な叱り方
①落ち着かせ、短い言葉で改善してほしいところを伝える
　興奮状態の子供には何を言っても浸透しないばかりか、指導内容を曲解されることがあります。短い言葉で端的に、改善してほしいことを伝えるようにします。

②「〇〇してはだめ」ではなく「〇〇しましょう」
　行動を否定されると、どう行動してよいか分からない子供もいます。「廊下を走るな」ではなく、「廊下は歩きます」と望ましい行動を伝えます。

③人格ではなく、行為を叱る
　叱ることはその子供を伸ばすために行う行為です。人格を否定するような叱り方は自尊感情を傷付けます。行動を正せるように、行為を叱るようにします。

── 褒め方・叱り方のポイント ──

　褒めることも、叱ることも子供との信頼関係がうまくいってなければ効果はありません。日頃から温かな人間関係を築きましょう。

係活動・当番活動の極意①

「日直当番」のポイント

ねらい

学級生活を充実するためになくてはならない仕事を、責任をもってみんなのためにできるように指導していきます。

2年生では責任と仕事の楽しさを

　日直は、学級の仕事を分担して全員が輪番で行う当番活動です。

　内容は授業の号令、朝の会・帰りの会の司会、給食の挨拶、黒板の日付記入、机の整頓、学級日誌の記入、照明の点灯・消灯等があります。日直の仕事が負担とならないよう、全員が分担できる内容とすることが大切です。

　2年生では、これらの内容を責任をもって行うことが求められます。人数は二人で分担することが多いですが、一人の子供に任せることがないよう協力して行えるようにします。仕事の内容を掲示物にしたり、「日直マニュアル」としてカード化したりすることも仕事を忘れないようにする工夫です。

　また、誰でもできるようにするためには、学級日誌に例示をはさむ、電気の消灯・点灯の位置を示す、朝の会・帰りの会マニュアルをつくる、机の整頓位置を記すなどの責任をもって仕事ができるような配慮が必要となります。帰りの会に、日直の「がんばっていたこと」「よかったこと」を発表してもらうコーナーを設けると、仕事への成就感も高まります。**誰もが負担なく、次の日直の機会を楽しみにできる活動とすることが大切です。**

　「学級活動（3）イ　社会参画意識の醸成や働くことの意義の理解」で指導します。日直の活動は常時活動です。日常の指導が必要となりますが、働くことを通して得られる成就感につなげ、キャリア形成への礎とします。

日直の仕事（例）

①朝の会・帰りの会の進行

誰もが使えるマニュアルを作成します。困難さを抱える子供については、教師や友達が支援を行うなどの配慮が必要です。

> **朝の会マニュアル**
> これから朝の会を始めます。起立、礼「おはようございます」着席。
> 今日の日直は〇〇と〇〇です。はじめに、朝の歌を元気に歌いましょう。
> 次は、健康観察です。先生お願いします。
> （裏面には帰りの会のマニュアル）

②机の整頓

帰りの会終了後、教室の机を整頓します。縦横整頓するためには帰りの会内での、全員の協力が必要です。床に印を付ける、シールを貼る等して整頓しやすくします。日直は全員が教室を出た後に確認をし、教師に報告します。

③日直の仕事・確認表

背面・側面黒板に日直の仕事を記入し、仕事が済んだら〇を付けていく方法もあります。ポスターカラー、水彩絵の具を使用すれば保存も簡単ですし、雑巾で消すこともできます。

> **日直の仕事**
>
> | 朝、帰りの会の進行 | 〇 |
> |---|---|
> | ごうれい | |
> | いただきます、ごちそうさま | |
>
> 仕事が終わるたびに〇を付けます。
> 日直以外の子供も確認できます。

「これから、帰りの会を始めます。」

1年生のときよりも、「責任」をもって行う

POINT！ ── 日直のポイント ──

仕事を行う責任が感じられる活動となるようにします。また、仕事をまっとうした日直には学級の友達や担任から褒めることで次の活動への意欲が高まります。

係活動・当番活動の極意②

「係活動」のポイント

ねらい

学級生活を一層充実させるために、あったら楽しい係、誰もが活躍できる係活動を行い、学級への所属感、居場所づくりにつなげます。

2年生では当番活動からの発展と学級のためになる活動を

　2年生では、教師の適切な指導のもと、1年生での経験をもとに学級生活に必要な係を見付けることが大切です。**1年生で活動した係をベースに「学級生活に必要」「こんな係があると学級が楽しくなる」という視点で話合いを進めるとよいでしょう。**全員がいずれかの係に所属し、一人ではなく小集団で活動するようにします。小集団で活動に責任をもたせることが1年生に引き続き大切です。そのため、当番的な活動も多くなります。2年生では当番的な内容でありつつも、その中に**「工夫」「自分や友達の得意なことを生かす」**という視点をもつ活動を教師が認め、推進していくことが大切です。活動を進めていく中で自分たちで計画をつくり、「何曜日は○○さんがリーダーね」と役割意識が芽生えられるようにするとよいでしょう。

　友達と協力するには、時間と場所が必要です。係活動コーナーに活動計画書を掲示することや、朝の会・帰りの会に係活動の時間として相談する時間を入れることも大切です。また、活動の喜びが感じられる場や、友達に認めてもらえる場をつくることが大切です。係編成を行う際、前の学年や、前の学期での成果を重視すること、朝の会・帰りの会に係からの連絡等の時間を設定することも効果的です。「学級活動（1）イ　学級内の組織づくりや役割の自覚」と関わり、年度当初、学期のはじめに指導します。

2年生の係活動（例）

①保健係：「健康に関するクイズ」

「うがいの仕方」「手を洗うときどんなことに気を付ければいいか」等を調べ、発表する活動も考えられます。

②誕生日係：給食の時間に牛乳で乾杯

「いただきます」の号令の後、誕生日係の発声で全員で牛乳で「乾杯」をして、誕生日の友達をみんなでお祝いします。

③クイズ係：この先生は誰でしょうゲーム

校内の先生方に趣味や特技を聞いて問題とし、クイズ形式にして楽しむ活動です。1年生で、「学校探検」を経験しているので、先生方の名前はおおよそ分かるはずです。

④スポーツ大好き係：2年○組スポーツ教室

スポーツが大好きな子供が集まって、スポーツに関する発表や実技を行います。自分が好きなスポーツ、得意なスポーツを学級に広げていく係です。新聞づくりなどの広報活動だけでなく、時には、「なわとび教室」「鉄棒教室」などを休み時間に行ってもよいでしょう。

○2年生でのその他の係

・ならばせ係（全校集会や教室移動の際に、号令をかけ並ばせる）
・窓・電気係（教室移動や帰りに窓や電気の確認をする。節電の呼びかけ）
・レク係（学級での遊びを決定し、運営する）
・生き物係（学級で飼育する小動物のえさやり等）
・整理整頓係（教室のロッカー等の整理の呼びかけ、表彰）
・配り係（プリント等の配付）

―― 係活動のポイント ――

当番活動から、係活動への移行の時期です。係と当番の違いにこだわらず、子供のアイデアを膨らませる時期と考えるのがよいでしょう。

こんなときどうする①

 # 子供同士のケンカ

ねらい

2年生の子供たちには、友達とのトラブルが多く見られ、時としてケンカに発展することもあります。その際、教師は子供同士の力で解決できるように促すことが大切です。

ケンカの解消に向けての指導

2年生の子供たちには一般的に自己中心性が残り、友達とのトラブルを起こしがちです。そのトラブルは、時としてケンカに発展してしまうことがあります。子供同士のケンカには、様々な態様があります。単なる口論だけのケース、思わず相手に手を出してしまうケース、時には激しく暴力的な行為をしてしまうケースもあります。また、そのケンカが一人対一人である場合、一人対複数、複数対複数である場合もあります。場合によっては、そのケンカがいじめにつながるというケースも考えられます。

即時指導として教師が子供のケンカの解決のために介入する場合、子供たちが納得し、自分たちの力で解決できたと感じるように指導することが求められます。子供たちのケンカの原因は、学級生活での些細な誤解や認識の違いである場合が多く見られます。そのため、個々のケンカを取り上げて対処療法的な指導を行うだけでなく、**教育課程に位置付けられる学級活動の時間を活用し、学級全員で「共通の問題」として授業の中で扱うことも大切な視点です。**その際、問題の原因を追求し、解決に向けての具体的な方法を全員で考え、ケンカのない学級生活を送るために、子供たち一人一人が具体的な行動目標を設定することが効果的です。

即時指導としてのケンカの解消への取組

2年生でも、子供たちが興奮してケンカをしている場合には、危険を回避するためにもすぐにやめさせます。

その後、双方が心を込めて謝罪をし、これまで以上に仲よくするような約束ができるように指導することが大切です。

学級活動の授業でのケンカ解消への取組

ケンカの発生時に行う即時指導は不可欠です。しかし、このような対処療法的な指導だけではなく、積極的な生徒指導として「学級活動（2）イ　よりよい人間関係の形成」の指導を行うと効果的です。

```
問題意識をもつ
    ↓
  つかむ
    ↓
  さぐる
    ↓
  見付ける
    ↓
  決める
    ↓
決まったことを実行する
```

子供の活動（例）

①アンケートをもとに、クラス内の友達関係について知る。
②時にはケンカをしてしまうこともあることに気付く。
③なぜ、ケンカをしてしまうのか原因を考える。
④どうしたらケンカがなくなるのかをみんなで話し合う。
⑤自分の課題に合った「努力したいこと」を決める。
⑥互いに自分で努力することを発表し合う。

ケンカの解消のポイント

子供のケンカは、その場ですぐに子供同士が話し合って解消できるようにすることが大切です。また、「学級活動（2）イ　よりよい人間関係の形成」で集団思考による個々の意思決定の学習を生かしていくと効果的です。

こんなときどうする②

泣いている子への支援

ねらい

2年生の子供が、学校生活で泣いてしまう場面はよく見られます。その際、教師は泣いてしまった原因をじっくり聞くことに努め、具体的な対処の手立てを講じていきます。

子供の心に寄り添う支援

子供は、友達とのトラブルやちょっとした怪我などで泣いてしまう場面がよくあります。泣いてしまう原因は多岐にわたりますが、自分でその原因を的確に話せる子供ばかりではないので、まずは**じっくり原因を聞くように努めること**が大切です。

例えば、友達関係でのトラブルに起因する場合には、該当の子供によく話を聞くとともに、周囲にいた子供にも聞き取りを行い、事実関係を明確にする必要があります。特に、子供同士のトラブルにより、何らかの怪我をして加害・被害の関係になった場合には、保護者への説明責任という視点からも、確かな事実関係の把握が求められます。校内での怪我で子供が泣いてしまった場合には、速やかに管理職、養護教諭と連携を図り、素早い対応をします。施設等の瑕疵による怪我の場合には、教育委員会との連携も重要です。

子供が学校で泣いてしまう場合には、その原因の如何に問わず、教師は子供の心に寄り添った支援を行うことが基盤となります。**また、個別対応だけでなく、学級全体に指導が必要な場合には、朝の会や帰りの会等を活用して、教師が全体指導を行います。**さらに、学級の問題として扱う場合には、「学級活動（2）」の特質を踏まえて、指導していくことも求められます。

怪我で泣いている子供への対応

低学年の子供の怪我は、一般的に休み時間に多く見られるとともに、登下校時にも発生するケースがあり、泣きながら保健室に来るという状況が見られます。まずは、怪我の処置を行い、子供の心を落ち着かせるため子供の言った言葉を繰り返して共感します。そして、事実確認を行って問題への対処をします。

走って転んだのね。痛かったわね。……。

走っていて転んで怪我をして、痛くて……。

友達とのトラブルで泣いている子供への対応

泣いている子供の心の安定を図る（心情を理解するために言葉を繰り返す）

A男：僕が算数で答えを間違えたら、Bさんがバカって言ったんです。
担任：BさんがA男さんのことを、バカって言ったんだね。
A男：バカって言ってはいけないのに、バカって言ったんです。
担任：バカって言ってはいけないんだよね。

トラブルに関する事実確認をする（事実確認をして互いの心情に寄り添う）

①トラブルの事実を確認するため、該当者に話を聞きます。
②周囲の子供にも話を聞き、より確かな事実を確認します。
③互いに相手の心情にも心を向けるようにし、許し合えるようにします。
④トラブルがあったことで、以前より仲よくなるように指導します。
⑤必要に応じて、朝の会や帰りの会等で学級全体にも指導を行います。

泣いている子供への支援のポイント

泣いている子供がいた場合には、教師はまず子供の気持ちを落ち着かせるように子供の心に寄り添い、その理由をじっくり聞くことに努めます。その理由に応じて、事実確認を行い、素早い対応をとることが求められます。

こんなときどうする③

 # クラスが荒れてきたら

ねらい

クラスが荒れてきたら、早い段階でその原因を究明し、指導の構想をもとに指導の手立てを講じます。特に、教師と子供、子供同士の信頼関係の再構築が最も重要です。

 ## 個と集団への適切な指導

クラスの荒れは数値化できませんが、雰囲気の異変は体感できます。

クラスが荒れてきたと教師が感じる事例には、いくつかの具体的な共通点が取り上げられます。**まず、授業中に教師の指示が通りにくくなったと感じるときがその起点となります。**そして、教師の指示に対して反発を示す子供が見られるようになります。さらに、子供同士の言葉のやりとりの中にも、相手を傷付けるような発言があったり、他を中傷したり排他的な言葉が蔓延したりしてくると、学級としての機能を果たせない状態になります。

クラスの荒れを感じ始めたときこそ、単なる教師の威圧で押さえ込むのではなく、個への適切な指導とともに、学級集団全体の問題として指導の手立てを講じることが大切です。個々の子供への対応は、子供の心に寄り添う姿勢で子供の話を聞くことが求められます。また、「学級活動（2）イ」で学級の共通の問題として話し合い、具体的に一人一人が行動目標を立てて実践に取り組むことも効果的です。学級集団への指導としては、朝の会や帰りの会での指導とともに、「学級活動（1）ア　学級や学校における生活上の諸問題の解決」で学級共通の問題として話し合い、集団で合意形成を図る話合いを行い、目標を決めて協力して実践する方法も積極的に取り入れます。

教師と子供との信頼関係の再構築

　低学年の子供たちは、教師が大好きで認めてほしいと願っています。子供たちが教師に反発するのは、自分のことをもっと見てほしい、認めてほしいというサインです。個々の子供の心情の理解に努め、目をかけ手をかけ声をかけて、話したり一緒に遊んだりする機会を多く設けるように努め、信頼関係の再構築します。

子供と一緒に給食

子供と一緒に外遊び

子供同士の信頼関係の再構築

○**どの子供も活躍できるような活動の場の設定**

　特定の子供ではなく、どの子供もリーダーシップを発揮できるような活動場面を設定します。輪番制で、どの子供も大切な役割を担い、全員が友達を支えることの大切さを体感できるようにします。

○**互いのよさや頑張りを認め合うような活動の場の設定**

　子供同士の人間関係をよりよいものとするには、共に関わりながら活動する場を設けることが大切です。その活動の中で、互いのよさや頑張りを認め合う活動を取り入れると効果的です。

―――― **クラスが荒れてきたときのポイント** ――――

　クラスが荒れてきたと感じたとき、教師が状況を分析することが大切です。中でも、教師と子供との信頼関係、子供同士の信頼関係の再構築が不可欠であり、実態に応じて具体的な指導の手立てを講じることが大切です。

こんなときどうする④

怪我・病気への対応

> **ねらい**
>
> 学校での怪我や病気への対応は、組織的に素早く行うことが原則です。保護者と連絡を密に取り、保護者との信頼関係をよりよく構築できるような機会にすることが大切です。

組織としての素早い対応が解決の基盤

　怪我や病気への対応は、学校の組織として素早く対応することが解決の基盤です。朝は元気に登校したのに、学校で怪我や病気が発生し、学校から連絡をもらったときの保護者の心情を推し量ることが大切です。**中でも、首から上の怪我や病気となると、最大限に慎重を期す対応が求められます。**

　仮に、校庭で鉄棒の授業をしていて子供が頭から転落した場合、子供を動かせる状態であれば、教師はその子供を連れて保健室に行き、管理職に報告することになります。その間、他の子供への指導の手配をすぐに他の教師に依頼します。その後、素早く保護者に連絡をしたり、病院に連絡をしたりするなどの手立てを講じていきます。大切なのは、怪我をした子供の手当を一刻も早く行うこと、保護者への連絡を適切に行うこと、他の子供の安全や安心を保障することです。組織としての素早い行動は、**「最大の誠意」**となります。

　このような怪我が発生した場合には、該当の子供の怪我の処置とともに、他の子供たちに怪我に関する指導を行うことが大切です。特に、「学級活動（2）ウ　心身ともに健康で安全な生活態度の形成」についての指導で、集団思考を通して、個々の子供が自分なりの意思決定を行い、実践するという活動を重視することが求められます。

怪我をした子供への組織的な素早い対応

怪我をした子供への対応
（応急処置）

組織的な素早い対応 → 管理職への報告
保護者への連絡
病院への連絡
他の子供への指示

学級活動の授業での指導

　健康・安全に関する内容は、学校生活を送る上で不可欠な指導です。教師の一方的な指導だけではなく、積極的な生徒指導として「学級活動（2）ウ」との関連を図った指導を行うことが大切です。

問題意識をもつ
↓
つかむ
↓
さぐる
↓
見付ける
↓
決める
↓
決まったことを実行する

子供の活動（例）

①アンケートをもとに、クラス内での友達の怪我について知る。
②保健室の資料から、学校には危険な場所があることに気付く。
③なぜ、怪我をしてしまうのか原因を考える。
④どうしたら怪我がなくなるのかをみんなで話し合う。
⑤自分の課題に合った「努力したいこと」を決める。
⑥互いに自分で努力することを発表し合う。

怪我・病気への対応のポイント

　子供の怪我や病気が発生した場合には、第一に子供の怪我や病気の処置を行います。その際、管理職に報告し、養護教諭とともに最善と思われる組織としての対応を行います。保護者への連絡は、保護者の心情に配慮しつつ、丁寧に言葉を吟味して行うことが大切です。

こんなときどうする⑤

夏休み・冬休み前の指導

ねらい

夏休み・冬休みの生活に対する事前指導は、家庭との連携を図りながら、個々の子供の実態に応じた活動とすることが大切です。

実態に即した適切な目標設定への支援

　夏休み・冬休みを充実した生活にするためには、学校での事前指導が重要となります。ただし、家庭での生活を基盤とする夏休み・冬休みの生活については、家庭の協力なくして充実した指導の展開は困難です。

　まずは、1年生のときの夏休み・冬休みを振り返り、一人一人が自分の生活を見直す活動を行います。楽しかったこと、もっと頑張りたかったことを振り返り、学級の傾向を提示することで、個々に違う家庭生活から、学級全員の共通の課題となる導入にします。次に、導入で課題となった原因を整理し、解決に向けた方向性を探ります。そして、原因を解決するための方法について話し合います。1年生のときに取り組んでみてよかったことなどを出し合い、よりよい考えを見付けていきます。このとき、教師が指導事項を明確にして提示することが大切です。その後、各自のめあてを設定するという流れになります。**大切なのは、学校で決めためあてを一度、保護者に見てもらい一緒に考えて取り組んでもらうということです**。子供の意識が変わり、学校での取組が保護者に理解されたとき、夏休み・冬休みの生活は大きく変化していきます。「もうすぐ夏休み」の題材は、「学級活動（3）ア　現在や将来に希望をもって生きる意欲や態度の形成」と「学級活動（3）ウ　主体的な学習態度の形成と学校図書館等の活用」の指導を統合して行うこともできます。

第2章 これで完璧！ 2年生の学級づくりのコツ

問題意識をもつ → **つかむ** → **さぐる** → **見付ける** → **決める**

子供の活動（例）

① アンケートをもとに、昨年の友達の夏休みの生活について知る。
② 昨年の夏休みの生活には、課題があったことに気付く。
③ なぜ、課題があったのか、その原因を考える。
④ どうしたら楽しい夏休みになるかみんなで考える。
⑤ 自分の課題に合った「努力したいこと」を決める。
⑥ 互いに自分で努力することを発表し合う。

保護者にめあてを確認してもらう → **夏休みに実践する**

「夏休みの生活 表①」　2年1組 名前
【生活時間のめやす】 おきる時こく／ねる時こく／学習 午前（10）時 ➡ 午前（12）時

【めあて】めあてができたら 新しい めあてに 挑戦しましょう
学習：じしゅべんきょうをがんばる。
生活：まい日あさミニトマトの水やりをする。
仕事：まい日せんたくものたたみとまどをあけしめする。

【ふりかえり表】（◎よくできた　○できた　△あしたはがんばろう　よていにないときは ひょうなし／）

月	日	曜日	よてい	学習	生活	仕事	月	日	曜日	よてい	学習	生活	仕事
7	18	土	テニスのしあい	△	△	△	7	25	土	ピアノのはっぴょう会	△	○	△
	19	日	テニス	◎	△	○		26	日	テニス	△	○	△
	20	月	プール	○	○	△		27	月		◎	○	○
	21	火	プール	○	○	○		28	火	テニス	◎	○	○
	22	水		○	○	○		29	水	テニス	○	○	○
	23	木	プール	○	○	○		30	木		○	○	○
	24	金		○	○	○		31	金		○	○	○

【かんそう】今週のできごとから書こう：テニスのしあいでけん大かいにいける人をきめるしあいにでて、けん大かいにいけるようになりました。／ピアノのはっぴょう会にでて3きょくひいてぜんぶせいこうしてうれしかったです。

夏休み・冬休み前の指導のポイント

　夏休み・冬休みは、家庭での生活が基盤です。学校での事前指導の内容を保護者に伝え、協力を得ることが大切です。子供が個々のめあてを実践し、達成できたら改善することで、充実した生活にすることが可能となります。

学級懇談会の基本

学級懇談会で信頼されるコツ

ねらい

学級懇談会は、教師と保護者との信頼関係を築く機会です。時間を割いて来校した保護者にとって、充実した時間となるように準備します。

保護者からの信頼を得る学級懇談会の運営

　保護者からの信頼を得る学級懇談会を運営するには、事前の準備が大切です。

　学級経営上、保護者との連携は不可欠なものとなります。日々の連絡帳や学級通信の発行、電話連絡などで連携を図ることが多くなると思います。一般的に、保護者に直接会って話す機会としては、家庭訪問や個別面談、学級懇談会の場などに限られるのが現状です。

　中でも学級懇談会は、多くの保護者が一堂に会して話題を共有できることから、保護者にとっても担任にとっても貴重な時間になります。時間を割いて来校した保護者にとって、充実した時間となるように運営の工夫をすることが求められます。特に、年度当初の学級懇談会の運営によって、その後の保護者の参加率は変わってくるように思われます。まずは、年度当初の学級懇談会が、和やかな雰囲気の中で充実したものとなるように努めます。

　例えば、**事前に「授業参観・学級懇談会の案内状」を作成し、授業で子供が見てほしいところを記載し、教師が学級懇談会の内容を知らせると効果的です。また、事前に学級懇談会で「話し合いたいこと」についてアンケートをとって話題にする方法もあります。**当日は、アイスブレイクを行ったり、子供たちからの手紙を用意したり、グループでの話合いを取り入れたりして、参加型の運営を心がけると充実した学級懇談会になります。

学級懇談会運営のポイント①【アンケート調査の活用】

事前に保護者の考えや子供たちの家庭生活の様子を調べておくと、学級懇談会の大切な話題となります。

アンケート例
①お子さんの家庭生活でよいこと、課題になることは何ですか。
②学級懇談会で話題として取り上げたいことはありますか。

今日は、みなさんから出していただいたアンケート調査をもとに……。

学級懇談会運営のポイント②【プログラムの立案】

プログラムを立案し、保護者が見通しをもって参加できるようにします。

学級懇談会資料例
①担任の自己紹介
②歌「○○」(担任のギターで伴奏します)
③保護者の自己紹介(小学校での思い出を含めて)
④学級目標・子供たちの様子について
⑤テーマについての話合い(グループ→全体)

他のご家庭での生活の様子も聞きたいわ。

先生のギター伴奏で歌を歌うなんて楽しそう。

学級懇談会運営のポイント③【保護者への手紙】

家庭での話題づくりにもつながるような手紙を作成します。

手紙の内容例
○２年生になって頑張りたいこと
○おうちの方に話したいこと
○家族の似顔絵　　など

この絵も特徴をとらえていて……。

２年生になって、頑張っているわね。

学級懇談会のポイント

学級懇談会は、保護者との信頼関係を築く貴重な機会です。教師が一方的に話をするのではなく、全員の保護者が参加できるような運営を心がけ、充実した内容となるように、事前の準備を計画的に行いましょう。

信頼を深める家庭訪問

家庭に寄り添う家庭訪問のルール

ねらい

家庭訪問は、保護者との信頼関係を築く大切な機会となります。家庭訪問の仕方は学校や地域によって異なりますが、子供のよりよい成長を促すための時間にすることが大切です。

信頼を深める家庭訪問の在り方

家庭訪問は、保護者と教師が子供の生活の場で話すという貴重な機会です。

家庭訪問を行うことで、子供のよりよい成長を促すための様々な情報を得ることが可能となります。子供がどのような家庭環境の中で生活しているのか、どのような地域の環境の中で生活しているのか、通学路の経路の安全性はどうなのかなど、訪問してみなければ体感できないことが多くあります。

家庭訪問で、保護者との信頼関係を築くためには、具体的に配慮しなければならない視点があります。例えば、第一印象となる**「身だしなみ」**です。流行にとらわれずに、教師という職にふさわしい清潔感のある服装に配慮します。また、保護者より年齢が上であっても同年齢であっても、教師としての節度ある**「言葉づかい」**が求められます。特に、友達感覚で教師に接する保護者が増えている現状もあるので、十分に配慮することが大切です。

学校では家庭訪問での手土産は受け取らないことが原則となっていると思いますが、子供の手づくりのお菓子などについては、状況によって判断することが必要になる場面もあります。他の教師への批判や学校への苦情等については、同調せずによく聞くことを基本とし、信頼関係の構築を主眼として、充実した家庭訪問となるように努めることが求められます。

家庭訪問実施上の配慮事項（五つの視点）

充実した家庭訪問にするためには、教師が配慮しなければならない視点がいくつかあります。

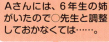
Aさんには、6年生の姉がいたので○先生と調整しておかなくては……。

○家庭訪問予定表の作成
①兄弟姉妹の訪問日時・時間を調整します。
②移動時間を考慮し、途中に調整時間を設定します。
③無駄のない訪問ルートを作成します。

○最小限の持ち物の確認
①各家庭の所在地を記載した住宅地図を持参します。
②家族構成などが記載してある家庭調査票を持参します。
③携帯電話、筆記用具、時計、水筒などを持参します。

○言葉づかいと服装への配慮
男性：①頭髪②ひげ③爪④ワイシャツ⑤ネクタイ⑥ズボン⑦靴下⑧靴、など
女性：①ヘアスタイル②メイクの濃さ③肌の露出度④ヒール⑤香水、など

○訪問時刻・訪問時間への配慮
①訪問時刻を厳守することが原則です。
②どの家庭も平等な訪問時間にします。
③長くなりそうなときは、別の機会を設定します。

Aさんは家庭でよくお手伝いをしているのですね。

○家庭訪問の話題の配慮
①保護者の思いや願いを傾聴します。
②常に話題の中心は子供のことにします。
③即答できないような質問は改めて連絡します。

家庭訪問のポイント

家庭訪問は、保護者との信頼関係を築くことが大切です。学校と家庭で力を合わせて子供のよりよい成長を促すような懇談の場にします。また、家庭環境や地域での交通事情、通学路等も把握できる貴重な機会となります。

学校行事　完璧指導①

1年生歓迎演奏のコツ

ねらい

1年生の入学を祝い、自分たちが2年生に進級した喜びを、1年生にプレゼントする歌や演奏に込めることで成長を実感する。

📖 2年生に進級した「成長」を音楽に込めよう

　1年生を迎える会で歌や演奏を披露することで、自分たちの成長を実感する活動です。

　入学式後間もない1年生を迎える会において、2年生の出番は数多くあります。多くの学校で1年生へのプレゼントとして、2年生からの手づくりプレゼントが渡されているようです。プレゼントと同じように、1年生を迎える会での出し物についても前年度からの準備が必要です。

　1年生を迎える会での歌や演奏は、1年生で学習した内容の披露となります。前年度から「1年生に聞かせる歌や演奏は何がよいか」「どんな歌や演奏を披露したら喜ばれるか」などと、歌や演奏を1年生へのプレゼントとするために子供たちと相談します。また、1年生から2年生にかけて学級編制のある学校では、学年会で楽器の分担等を決めておきます。

　前年度の話合いや、学年での分担のなかった学校では、練習時間も短いことから、全員での合唱や鍵盤ハーモニカ等の合奏が中心となります。いずれにしても1年生を温かく迎え、喜んでもらうという目的を再確認し、**「できるようになった自分たち」**を実感できるようにします。

　「学校行事（2）文化的行事」や「児童会活動（3）学校行事への協力」で扱います。

みんなが見える隊形移動

1年生を迎える会では、学年の並び場所で演奏する学校、1年生が見やすいように舞台上で演奏する学校があります。いずれにしても演奏する場で隊形を移動し、1番は1組、2番は2組、3番は3組が1列目に来るなどの配慮が必要です。単学級の学校では、同じように全員が前に来ることができる配置にすることで主役感が味わえます。1年生のそばまで演奏し、歌いながら移動することで一層盛り上がります。

1年生のそばで演奏することで鍵盤の指の動き、2年生の歌声が身近なモデルになります。

活動の広がり：振り付け・ダンス

1年生で習った歌に自分たちで考えたダンスを組み合わせたり、「とんくるりん・ぱんくるりん」「こいぬのまーち」にステップを組み入れたりしても楽しい活動となります。自分たちだけでなく、1年生が喜ぶ活動と考えることで内容が広がります。1年生のときの運動会での学年演技を披露する（ダンスに歌を入れる）ことも考えられます。

一緒に歌おう

「さんぽ」「こぶたぬきつねこ」等は、幼稚園などでもよく歌われる歌です。2年生だけでなく新入生も一緒に歌える歌を歌うことで、1年生への歓迎の気持ちが表れます。また、1年生向けの歌詞カードや、模造紙に歌詞を書いたものの作成を子供たちが分担することで、活動への参加意欲も高まります。

―――― 歓迎演奏のポイント ――――

1年生入学後、短い期間での活動です。前年度から計画的に行うことはもちろんですが、教師も子供も負担なく活動できることが大切です。喜んでいる1年生の姿を見ることで、成長を感じられるようにすることが大切です。

学校行事　完璧指導②

運動会成功のコツ

ねらい

　小学校生活2年目の運動会に意欲的に参加し、一人一人の活躍が実感でき、保護者にも活躍の様子が分かる運動会にします。

一人一人が主人公の運動会

　運動会は、日頃の学習の成果を保護者や地域の方々に発表する活動です。
　運動会は1日だけの体育的行事ではありますが、その1日に約1か月間を準備や練習に要し、その成果を発表する場です。普段の体育では体験できない、保護者や地域の方の前で成果を発表できる感動的な活動です。
　しかしながら、近年秋の運動会についても実施時期が早まり、9月の中・下旬に行う学校が多くなっています。地域によっては、5月に運動会を行う学校もあります。9月の実施の場合、夏季休業日明けの短い期間に練習し、実施することになります。教師主導で練習が進むことが多くなりますが、そんな中でも子供たち一人一人に目標をもたせ主体的に取り組ませたいものです。また、残暑にも留意し、汗ふきタオルや水筒をもって外に出るようにします。
　2年生となり、自分の考えや気持ちを適切に表現できるようになった子供たち。運動会という一大イベントに向け、主体的に取り組めるようにするためにいくつかの取組が考えられます。運動会は集団への指導が多くなりますが、一人一人の子供が主人公です。**めあてカードの例を示すことで一人一人を大切にする取組について考えていきます。**「学校行事（3）健康安全・体育的行事」に向け、「学級活動（2）ウ　心身ともに健康で安全な生活態度の形成」や、朝の会・帰りの会で扱います。

運動会へのめあてづくり

子供たちに主体的に取り組ませるには、めあてが大切です。出場する種目それぞれに決めます。また、日々の練習にいかに取り組んだかを振り返ることができるようにします。頑張っていた子供を称賛し、学級に広げます。運動会は自分が主人公だという気持ちをもたせることが大切です。

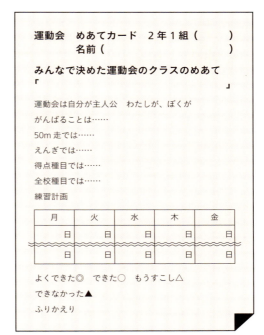

招待状づくり

運動会での活躍を保護者はとても楽しみにしています。学級通信等で徒競走の発走順、演技の位置などを知らせることが大切です。それとは別に、招待状をつくります。演技で見てほしいポイント、頑張ったこと、応援してほしいポイント等を記入できるようにします。また、運動会後の学級での指導の時間に、参加してくれた保護者への感謝を伝えることは忘れずに指導します。

運動会のポイント

招待状については、「配慮事項」を確認します。保護者が誰も参観できない子供はいないか、事前に確認が必要です。近年、弁当は子供と保護者が別に食べる学校も増えていますが、一緒に食べる際には、一人になってしまう子供がいないように十分配慮します。また、アレルギーの観点からおかず、お菓子の交換の禁止は学校全体で統一します。

学校行事　完璧指導③

学芸会・音楽会 成功のコツ

ねらい

日頃の学習内容を生かした負担のない、一人一人が活躍できる学芸会・音楽会を目指します。

一人一人が楽しめ、活躍できる学芸会・音楽会

　学芸会・音楽会は学ぶ喜びを実感し、保護者等に認めてもらうことのできる場です。子供たちは、日頃の学習の成果を自分や他の保護者に見てもらい、成長を実感することができます。

　また、保護者にしてみれば、我が子の成長や学びの成果を実感できる場です。担任にとっては、子供たちの日頃の学習活動を、自分の学年の保護者だけではなく、異学年の保護者にも見てもらえるよい機会です。

　近年、学力の向上に向けた授業時数の確保の観点から、学芸会・音楽会の新たな課題をつくり、取り組むことは難しい面もあります。国語の学習、音楽の学習等を生かした取組にすること、負担のない計画を学年で作成することを通して、より価値ある活動にしたいものです。

　また、学校の規模にもよりますが、学年が単学級の場合は、担任にかかる負担が大きくなります。学芸会・音楽会が近くなってからの指導ではなく、**日頃から「大きな声で発表する」「きれいな声で歌う」「楽器の演奏は美しい音色が響くことに心がける」といったことを繰り返すことが大切です。**

　「学校行事（2）文化的行事」に向けて、国語や音楽の授業、朝の会・帰りの会などの時間を工夫して指導します。

学芸会の取組（「スイミー」を例として）
①多様な登場人物を役割分担して

スイミーは、国語の教科書に多く取り上げられている教材です。また、スイミーには多様な登場人物が存在し、台詞（せりふ）や心情のやりとりが多い教材です。

あかいからだのきょうだい	まぐろ	クラゲ	伊勢エビ	うなぎ	いそぎんちゃく	あかいからだのさかな	おおきなさかな

この他にもナレーターが必要となります。物語上では台詞のないものもありますが、国語の学習で考えた心情等を入れ込むことで、多くの子供に台詞ができます。それぞれの登場人物を希望制で分担します。教科書以外の台詞を分担ごとに話し合い、決めます。

②大道具は映像で

劇で負担が大きいことは、大道具づくりです。プロジェクターを使用し、教科書の挿絵を投影することで負担が小さくなります。その分、小道具づくりに時間をかけても効果的です。

音楽会の取組（舞台づくり）

学芸会と異なり、楽器の演奏は子供の移動が少なく、その場での活動となります。Aのように3列をつくると保護者から全員の様子が分かります。また、Bのように隊形を組むことも効果的です。

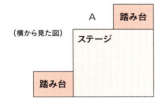
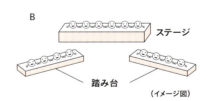

―― 学芸会・音楽会のポイント ――

学芸会・音楽会は、保護者が参観しやすい工夫が求められます。招待状づくり、感謝状づくりと併せて行うことで子供の情操を養うことにもつながります。

第3章

子供たちに学ぶ楽しさを！
2年生の
授業のコツ

授業に入る前に　Check Point ①

4月に身に付ける学習ルール

> **ねらい**
>
> 1日の中で、多くの時間を占める授業の時間だからこそ、学習のルールは4月のうちに徹底させておきます。

集団生活のルール・約束

2年生の子供たちは、学校生活に慣れ、自信をもって行動できる反面、生活や学習のルール・約束が曖昧になってしまうことも少なくありません。子供たちがルールや約束を意識して生活できるように、その意味を子供たちと一緒に考えることも大切です。

学校は、集団生活の場であるため、一人一人がルールや約束を守ることが必要であることを理解させます。たくさんあるルールや約束ごとですが、どこまでが学校・学年のルールや約束なのか、どこからが学級のルール・約束とするのかを他の教師と確かめておくことも大切です。

子供たちがルール・約束を守るためには、家庭の協力が必要なこともあります。おたより等で伝えたり、保護者懇談会などで具体的に伝えたりしていくと効果的です。

「学級活動（3）ウ　主体的な学習態度の形成と学校図書館等の活用」との関連では、学ぶことに興味や関心をもち、自ら進んで学習に取り組むことや、自己のキャリア形成と関連付けながら見通しをもって粘り強く取り組むことなど、学習活動を振り返って次に生かす主体的な学びの実現に関わるものです。

第3章　子供たちに学ぶ楽しさを！　2年生の授業のコツ

①学習に必要な持ち物

筆箱の例

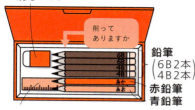

毎日、削ってある鉛筆で気持ちよく学習させましょう。

②授業の始まり・終わりの挨拶

「はい！」と元気な声を出してみんなで気持ちを合わせましょう。

③机の上の学習用具（例）

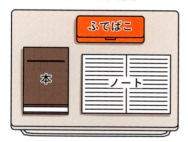

※左利きの子供は反対になる

整理整頓された机で、気持ちよく学習させましょう。

④発言の仕方（例）

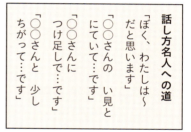

話し方名人への道
「ぼく、わたしは～だと思います」
「○○さんの い見とにていて…です」
「○○さんにつけ足しで…です」
「○○さんと 少しちがって…です」

正しい言葉づかいで、気持ちよい学習の場としましょう。

--- 指導のポイント ---

集団生活のルールや約束ごとを子供たちが継続して守れるように、【できたことを褒める】【何を頑張ったのかを褒める】【みんなのためになったことを褒める】【努力していることを褒める】ことを教師は続けていきます。

授業に入る前に　Check Point ②

学習習慣を身に付ける宿題の基本

---- ねらい ----

宿題は、家庭での学習習慣を身に付けることを大きなねらいの一つとしています。毎日机に向かって学習する習慣が身に付くようにします。

家庭での学習習慣が身に付くように

　学習習慣が身に付くようにするために大切なことは、家庭との連携を図ることです。懇談会や学年だよりなどで宿題のねらいを伝え、子供への声かけや協力をお願いします。

　宿題のプリントや漢字練習の確認を保護者にお願いするのも一案です。**2年生の子供は、その場ですぐに丸付けをしてもらうことで、学習内容をより定着させることができます。**保護者も子供の状況を知ることができます。ただ、内容や取り組み方によっては、学年で相談をして共通理解の上で行うようにします。

　教師が丸付けをする場合には、早く子供たちに返すようにします。一言**「いいね」「頑張っているね」「この調子」**と添えて返却することで、子供のやる気を喚起させます。

　「学級活動（3）ウ　主体的な学習態度の形成と学校図書館等の活用」との関連を図り、子供たちが学ぶことに興味や関心をもち、自分に合った目標を立てたり、自ら進んで学習に取り組んだりすることができるようにします。

家庭学習の課題例

- 音読（国語の教科書・詩）
- 算数プリント（学習した内容の復習）
- 漢字練習（ドリル、漢字ノートを活用する）

1日1字ずつ入れていき、文章ができるように工夫することもできます。

自主学習（自分で課題を決めて取り組む）

教室に【見てみて】コーナーを設け、家庭学習を頑張っている友達のノートを紹介します。

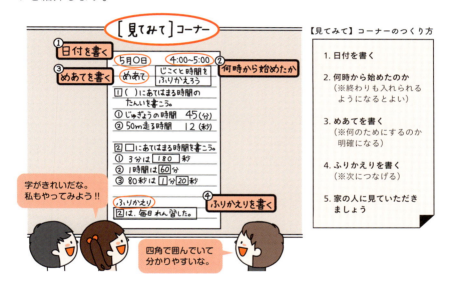

【見てみて】コーナーのつくり方

1. 日付を書く
2. 何時から始めたのか
   （※終わりも入れられるようになるとよい）
3. めあてを書く
   （※何のためにするのか明確になる）
4. ふりかえりを書く
   （※次につなげる）
5. 家の人に見ていただきましょう

※学級活動の時間を使い、自主学習のやり方を指導すると効果的です。

―― 指導のポイント ――

　学習内容を復習できるような課題を、いつも、同じ時間でできるように続けて出していきます。毎日、机に向かう習慣を付けていきます。配慮を必要とする家庭もあることを忘れてはいけません。

授業に入る前に　Check Point ③

学習カードのつくり方

ねらい

　授業のねらいに沿った学習カードを利用して、子供たちの力をさらに効率よく伸ばしていきます。

 学習カード活用のよさ

　子供たちは、学習カードを使うことによって主体的に学ぶ力を身に付けることができます。学習カードを効果的に活用することは、一人一人の子供が、自分に合った明確な課題をもち、自己評価したり、相互評価したりする活動を通して、自ら進んで学習することにつながります。教師にとっても、指導力の向上を図ることができます。

　教師は、子供の記述から、子供の思いや願いを感じ取り、深く見つめることで、教師自身の指導の在り方を振り返ることができ、自らの授業改善を図ることができます。また、**評価規準に照らして、「評価」の参考にする**ことができます。学習中の子供の姿と合わせて評価することが大切です。

　「学級活動（3）ウ　主体的な学習態度の形成と学校図書館等の活用」との関連では、学習することの楽しさや価値に気付いたり、学習の見通しや振り返りの大切さを理解したりします。自分に合った効果的な学習の方法を考えたり、学ぶことが将来の自己実現にどうつながっていくかについて考えたりして、主体的に学習できるようにすることが考えられます。

生活科の例

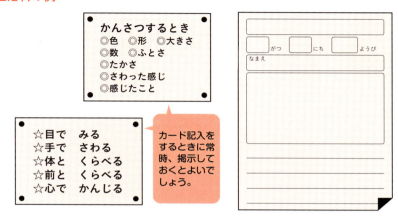

体育科の例

子供たちが、遊びの中でも取り組める一つの方法として、学習カードを活用することも考えられます。

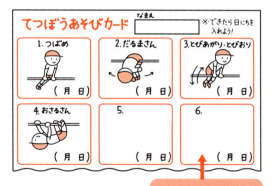
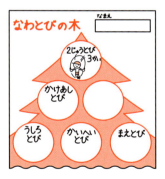

自分でわざを考えて書き入れるのもよいでしょう。

--- 指導のポイント ---

毎回カードを見て、目標が達成できたら次の目標へ進むよう声をかけます。学習カードを使って学習理解を深めることも大切ですが、カードに記入することに時間の多く取られ、1時間のねらいからそれることのないように工夫します。

国語科の指導のコツ

定着を図る！「新出漢字の指導」

> **ねらい**
>
> 子供たちは、新しいことを知ることが大好きです。新出漢字を正しく知り、文章の中でも使えるように指導をしていきます。

📖 丁寧に指導！ 繰り返し練習！

　新出漢字の指導は、単元の学習に入る前に、事前にまとめて指導をします。学年のはじめに、ノートの指導も含めて丁寧に指導することが大切です。読み方・意味・筆順・使い方など、一字一字丁寧に指導します。新出漢字は、読みの指導を行い、それから文字を書きます。縦画・横画・とめ・はね・はらいなどしっかりと書く指導をします。はじめに時間をかけて正しく指導し、漢字の学習方法を理解させます。子供はやり方が分かれば、一人で学習を進めることができるようになります。

　漢字練習ドリルを利用して指導することも考えられます。**ゆび書き、なぞり書き、うつし書き等、繰り返し書いて覚えさせます。**ドリルの選択については、子供の実態を考え、学年の先生方と相談をしながら選びます。

　「学級活動（3）ウ　主体的な学習態度の形成と学校図書館等の活用」との関連では、学ぶことに興味や関心をもち、自ら進んで学習に取り組むことや、自己のキャリア形成と関連付けながら見通しをもって粘り強く取り組むことなど、主体的な学びの実現に関わるものです。

教室掲示の工夫

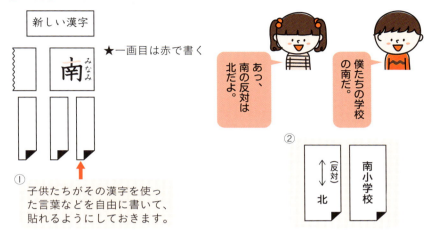

① 子供たちがその漢字を使った言葉などを自由に書いて、貼れるようにしておきます。

ミニ作文や日記指導のときに

作文を書いた際に、「今日はいくつの漢字を使うことができたか」を書くことで、意識して漢字を使って書くようになります。

―― 指導のポイント ――

漢字指導は丁寧な指導を続け、文章の中で漢字を使う習慣を身に付けせたり、子供に興味・関心をもち続けさせたりしながら、漢字を使う習慣を身に付けさせていきたいものです。

国語科の指導のコツ

学習環境を整える！
「スイミーの授業」

ねらい

主人公スイミーの行動を中心に、場面の様子などについて想像を広げながら読んで、ペープサート劇をします。

「スイミー」のおもしろさ

「なんとか、かんがえなきゃ」「ぼくが、目になろう」は、物語を読んだ子供たちが好きになる言葉です。スイミーの行動から、子供たちは、いつまでもくよくよしないこと、知恵と勇気を発揮すること、困難に直面したとき力を合わせることが解決の鍵になることを感じるはずです。主人公のスイミーは、小さな魚たちの中で特異で強い存在に見えます。しかし、スイミーも他の魚たちと同じように、寂しい、悲しい気持ちをもっています。このことが子供たちにとって、スイミーを身近な存在として受け入れやすいものにしています。スイミーに共感し、知恵と力を集めて今までの生活から脱しようとしている小さな魚たちにも、子供たちは応援のまなざしを向けます。知恵と勇気で困難を乗り越えていくスイミーの姿に、子供たちも心ひかれる物語です。

何かを読んだり、聞いたり、見たりすることで心を動かされる経験は誰もがもっています。**感動を文に表現したものの交流を通して、同じ場面でも違う感想があることや、自分と同じ感想をもつ人がいることを確認することができます。**「学級活動（3）ウ　主体的な学習態度の形成と学校図書館等の活用」との関連では、学ぶことに興味や関心をもち、自己のキャリア形成と関連付けながら見通しをもって粘り強く取り組むことや、日常の読書指導などにも関わるものとなります。

並行読書：作者レオ＝レオニの絵本を置く

感想を書くことや読み取りが苦手な子供でも、絵本から想像することができます。司書教諭や図書ボランティアの方にも協力をお願いして、本を用意してもらいます。

教室か廊下のオープンスペースに

教室を海のようにする

ビニールテープ等を利用し、海の中にいるような雰囲気にする工夫をします。

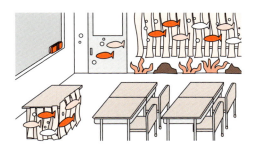

可能な限りブルー（海の中）にしたり、教科書にあるさし絵を拡大コピーして、貼っておいたりするとよいでしょう。

ペープサートの準備をする

← わりばし等

ペープサート劇発表会を計画し、1年生に発信することも考えられます。

指導のポイント

「『スイミー』のテーマは何だろう」と教師が考えておくことで、授業展開が変わってきます。また、子供たちにどんな資質・能力を育んでいくのかという考えをしっかりともって臨みたいものです。

国語科の指導のコツ

2年生の学び合いの活動を生かす言語活動例

ねらい

お話クイズをつくるという目的をもって、本や文章を選んで読みます。クイズをつくる際に、語句を変えることにより、言葉には意味による語句のまとまりがあることに気付くことができます。

お話クイズをしよう

　文学的文章では、これまでの場面の様子について、登場人物の行動を中心に想像を広げながら読んできました。その力を「クイズつくり」に生かします。

　2年生になると、自分で選んだ本を持ち寄り、対話しながら楽しく読む姿が見られるようになります。ここでは、発達の段階を生かして、「本や文章を楽しんだり、想像を広げたりしながら読む」言語活動を、大好きなクイズと結び付けて設定することにします。物語に描かれた世界をクイズにすることで想像を広げながら読み、友達と楽しく交流をすることができます。

　はじめに、「お話クイズ」の仕方を知らせます。教師が出題者となって、読み間違いを子供に当ててもらいます。数問のやり取りをして雰囲気が盛り上がったときに、子供たちが問題をつくり出題者になることを説明します。その後、グループでクイズを出し合うようにしていきます。また、自分で読んだ話や選んだ話から、場面の様子とは異なる言葉に置き換えてクイズをつくることもできます。

第3章 子供たちに学ぶ楽しさを! 2年生の授業のコツ

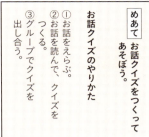

※「もっと、やりたい!」と子供から出たら、朝の会のスピーチに取り入れることも考えられます。

─── 指導のポイント ───

「学級活動(3)ウ 主体的な学習態度の形成と学校図書館等の活用」との関連を図り、自ら進んで学習に取り組めるように、グループ活動のルールを見て分かるようにしておくことが大事です。また、問題づくりが難しい子供には、置き換える言葉を考えるだけのワークシートを用意しておくことも必要となります。

算数科の指導のコツ

多様な考え方の基礎づくり①「九九の指導」

---- **ねらい** ----

　一つ分の数のいくつ分に当たる大きさを求める乗法の意味を、子供たちが自分の考えをもとに楽しんでつくり上げていくことは、多様な考え方の基礎となります。

意味を理解して、使えるようにする

　乗法九九の指導で大切なことは、全ての段を確実に唱えることができるようにすることです。しかしながら、その前にしっかりと乗法の意味を具体的な場面を通して理解させることが不可欠です。「単位とする大きさのいくつ分」「一つ分の大きさの何倍か」を求めるときに、乗法を使うと簡単で分かりやすいということを子供に実感として感じさせたいものです。

　乗法の意味をしっかりと理解した後に九九の指導に入りますが、とにかく書かせて暗唱させるというだけでは、子供は九九の構成や性質、九九のもつ規則性の美しさなどに気付くことができません。「**アレイ図**」「**九九の表**」を効果的に用いて、最終的には『9の段は6の段と3の段を足したものと同じだ』など、自分の力で九九をつくることができるように、楽しみながら学ぶ時間をたくさんもたせることが定着につながります。

　乗法の学習が進んでくると、九九の表のきまりを探したり、自分で問題づくりをしたり、解法がいくつもある問題に挑戦したりと、問題解決学習ができるようになります。友達の考え方と自分の考え方を比べながら話し合い、答えを出すという魅力に引き込む授業づくりが教師の力の見せ所です。

第3章 子供たちに学ぶ楽しさを！ 2年生の授業のコツ

もんだいづくり

まずは絵で表し、文にします

九九の問題を出し合おう

①問題を一つ以上つくる。もっとつくることができる子供はたくさんつくる。
②全て集めて交ぜ、1枚ずつ配る。
③問題を解いたら、出してくれた友達のところにもっていき、○をもらう。
④新しい問題をもらって解く。

※教師が少し難しい問題をつくっておき、習熟度に合わせた配慮をします。

九九がんばりカード

日付、やったこと、家の人の印、先生の印

①のぼりコース→1から順に唱える方法
②くだりコース→9から戻っていく方法
③がんばりコース→ランダムに唱える方法

合格チェックカードをつくり、受かったらシールを貼ります。9×3コースの27枚全てシールが貼れたら、賞状をつくって渡すのもよいでしょう。

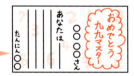

賞状を！

九九かるた

①向かい合って座り、九九カードをバラバラに並べる。
②教師が言った数字が答えのカードを取る。
（何枚かある場合がある）
③多く取った子供の勝ち。

指導のポイント

子供の多様な考え方を引き出すため、普段の生活の中で「いくつ分」をまとめてかけ算をする方法が便利であることを実感する機会を多くとります。生活や体育の学習用具を数えたり、休み時間のグループづくりなど、教師が意図的にかけ算を使える機会を与えることで、主体的に学ぶ意欲につなげます。

算数科の指導のコツ

多様な考え方の基礎づくり②「かたちから図形へ」

--- **ねらい** ---

身の回りにあるものに目を向け、構成要素に着目して図形としての「正方形」「長方形」「直角三角形」について理解することで、仲間分けの考え方の基礎をつくります。

 ## 日常語から算数の言葉へ

2年生では、「さんかく・しかく・まる」などの日常語から脱し、「三角形・四角形」などの用語や意味を理解します。初めて出会う図形の用語や三角定規に子供たちは期待を膨らませます。分類や作図など、操作をたくさん取り入れて、図形について実感をもって理解を深めていくことが大切です。

図形の仲間分けをすると、なぜ同じ仲間なのか、違う仲間なのかを説明する必要があります。その話合いの中で「辺」「頂点」などの用語の必要性に気付き、さらなる仲間分けのために「直角」「向かい合う辺」という算数の言葉をどんどん吸収していくことができます。教科書の図形のみで学習を進めていくと、子供はいつも同じ方向からしか形に目を向けなくなります。ワークシートやパズルなどの具体物を活用して、上下左右をくるくると回転させながら、様々な角度から図形の形にじっくりと向き合わせたいものです。

図形の認識が苦手な子供には、竹ひごや数え棒などを使って辺と辺がぴったりとくっつく瞬間を体感させ、頂点をつくるなど丁寧な指導をすることがその後の図形の学習への意欲につながります。

多様な考え方をもつ場づくり

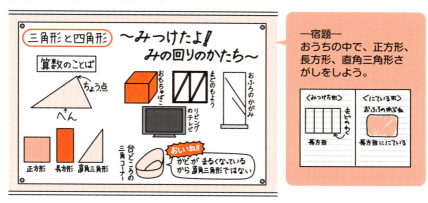

折り紙を使って

正方形をつくろう！
・半分の半分にする
・さらに半分の半分にする
　⋮

長方形をつくろう！
・半分にする
　A：さらに半分にする
　B：小さい正方形をつくって半分にする

直角三角形をつくろう！

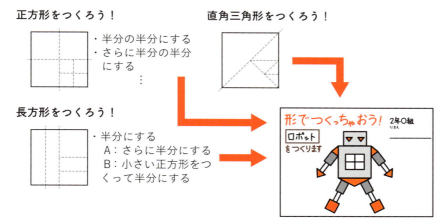

―― 指導のポイント ――

　図形の学習も教科書だけで行うのではなく、日常の生活の中で数学的活動をたくさん取り入れることが大切です。学級通信等で保護者に図形の学習について伝え、家庭で図形探しをしてもらったり、その結果を教室に掲示してさらなる図形への関心を高めたりしていくと、子供が見付ける楽しさを味わうことができます。

生活科の指導のコツ

 # 野菜を育てよう

ねらい

2年生では、学習意欲を高めるために自分で決めた野菜を育てます。主体的に栽培活動に関心をもち、成長の喜びや収穫の楽しさが味わえるようにします。

 ## わたしブランドの野菜に

2年生での継続的な栽培活動は、収穫の喜びを感じることができる野菜を用います。野菜は実が少しずつ大きくなったり、色が徐々に変化していったりするなど、日々の喜びを子供が実感をもって感じることができます。収穫のときの笑顔は、何にも代えがたいものです。

1年生の段階では、同じ植物（朝顔など）を一人一鉢栽培する活動を通して、肥料や芽かき、支柱の立て方など、世話をするポイントを学びました。そこからステップアップし、自分が育てたい野菜の栽培方法を、教師に教わるのではなく**自分の力で調べ、日々観察をしながら試行錯誤していくのが2年生の学習です**。これは子供任せという意味ではなく、教師の計画的で緻密な指導計画のもとに成り立っているので、学年全ての教師が事前にしっかりと打合せを行い、共通理解を図ることが不可欠です。

地域によって気候が異なりますが、一般的には春から栽培が可能なミニトマト、きゅうり、なす、とうろこしなど夏野菜を中心に栽培し、夏休みに入る前に実の観察が終えられると、学習がスムーズに進みます。自然を相手にしている学習ですので、枯れてしまうことも考えて準備を進める必要があります。

第3章 子供たちに学ぶ楽しさを！ 2年生の授業のコツ

自分で育てる野菜は自分で決める（〜知りたい！育てたい！を大切に〜）

なすグループ

「なすってはじめから紫色なのかな？」
「私は揚げなすが大好き。たくさん実がなるためにはどんな肥料が必要なのか調べよう」。

ミニトマトグループ

「ミニトマトをずっと育てたらもしかしたらトマトになっちゃうかもな。実験しよう」。
「黄色いミニトマトを見たことがあるわ。どんな種類なのかな」。

きゅうりグループ

「おじいちゃんがきゅうりにはトゲがあるって言ってたけど、ぼくは触ったことがないよ」。
「きゅうりが嫌いな妹に食べさせてあげたいな」。

おしえて！やさい名人さん

▶八百屋の○○さん
▶用務員さん
▶○○さんのお母さん
◀農家の○○さん

プログラム
1. はじめのことば
2. 名人さんのしょうかい
3. 名人さんからのお話
4. グループでのアドバイスタイム（外のやさいを見ながら）
5. しつもんタイム
6. お礼の歌
7. 先生のお話
8. おわりの言葉

学校公開日等、保護者も参観できる機会にゲストティーチャーを呼んで栽培のアドバイスをもらいます。子供たちは事前に困っていることや知りたいことをメモしておきます。

まとめ方いろいろ

・新聞
・絵本
・カルタ
・紙芝居

指導のポイント

栽培の途中で、子供はたくさんの疑問や悩みをもちます。それを解決し、さらなる学習意欲を高めるために、地域のゲストティーチャーを招いての学習会を計画します。子供は野菜のプロの話に目を輝かせて聞き入り、すぐにでも自分の野菜の栽培に取り入れようとします。また、その様子を保護者の方に見てもらうことで家庭への啓発にもつながります。

生活科の指導のコツ

生き物となかよし

ねらい

春から夏は、生き物が活発に活動する時期です。自分たちで捕まえたり、育てたりする中で生き物への親しみや生命の神秘を感じ、さらなる学習意欲につなげます。

 生き物はぼくらのなかま

　暖かくなると姿を現す生き物を見付け出し、大切に育てることが子供たちは大好きです。通学路でもたくさんの小さな生き物と出会い、うれしそうに報告してくれます。そんな純粋な子供の興味・関心を最大限に引き出してあげると、学習がさらに深まります。

　生き物探しでは、今までの町探検の経験などを生かして、校外に出かける計画を立てます。学校の中だけでは、限られた生き物との出会いしかありません。前年度の担任に情報を聞き、生き物に出会えそうな場所をいくつか挙げます。実際に現地に行き、生き物がいるかを確認しておくことが大切です。ザリガニなどは時期を間違うと小さすぎて捕れなかったり、すでに捕まえられてしまった後だったりします。

　生き物を捕まえたら、世話をして育てる活動につなげます。自分たちで捕まえた大切な生き物のために、子供たちは懸命に飼育方法を調べます。家庭にもち帰ったり、元いた場所に逃がしてあげるという選択肢もあることを伝えます。時には、飼育している生き物が卵を生んだり、死んでしまったりすることもあります。そのような経験が、自分たちと同じように**生命をもつ生き物への畏敬の念と、生き物を大切にする思い**を醸成します。

ザリガニつり名人になろう！

ザリガニつりのさお

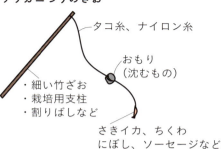

- 細い竹ざお
- 栽培用支柱
- 割りばしなど

タコ糸、ナイロン糸
おもり（沈むもの）
さきイカ、ちくわ
にぼし、ソーセージなど

めあて

どうしたら、たくさんザリガニをつることができるかな？

「いか」だけだと水に浮かんじゃうから、おもりを付けるといいっておじいちゃんが教えてくれたよ。おもりは、何がいいかな。

1年生に伝えよう

これから、ダンゴムシについて発表します。

ダンゴムシワールド　2年1組
えさ／どうしてまるくなる／みつけたばしょ／赤ちゃんは

動物の飼育や栽培などの活動は、2学年間にわたって行うこととされています。1年生の担任と連携し、共に学び合う活動を増やすことが主体性を育みます。

--- **指導のポイント** ---

校外学習では、準備が必要な道具は保護者に事前に伝え、図解した手紙を配付するなど配慮が必要です。また、『生き物マップ』などをつくり、「もっと捕まえて育てたい」という意欲を家庭と連携してできるだけかなえてあげることが、主体的に学習に取り組む態度を育むことにつながります。

生活科の指導のコツ

成長アルバムをつくろう

---- **ねらい** ----

できるようになったことを振り返ったり、生まれてからの成長をまとめたりして、支えてくれた人に感謝し、これからの成長に希望をもって向かうことができるようにします。

支えられて成長してきたことに気付く

　自分の成長を振り返り、感謝の心をもって3年生へのステップを踏む、生活科の締めくくりの学習です。2年生でできるようになったことをきっかけとし、成長記録を付けることで、何もできなかった自分が、家族や地域の方々など多くの支えによって存在することに気付くよい機会となります。

　生まれてから今までの成長アルバムをつくる活動では、保護者懇談会等で趣旨を保護者に伝え、子供たちに冬休みの宿題として、インタビューをしたり、写真を集めたりする活動に取り組ませることで、スムーズに3学期の活動を行うことができます。しかし、家庭環境は様々で、このような活動を望まない家庭があることも考えられます。個々の家庭状況を配慮して活動をスタートさせることが必要です。

　まとめ方は様々ですが、**状況によって統一した様式で書く部分と、子供が自由に表現方法を選んで書く部分を吟味する必要があります。**仲間や家族に自分の成長を認めてもらうことで子供の自尊心が高まり、「自分が好き」と思えるようになります。そして、その喜びが支えてくれた全ての人に感謝する思いへとつながったら、授業参観などの機会に『〇〇発表会』をすることで、さらなる学習への意欲につなげます。

わたしの成長アルバム

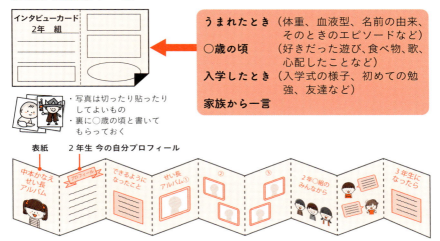

もうすぐ3年生（学級活動(3)ア）

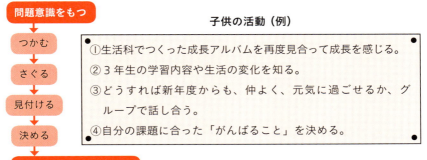

子供の活動（例）

① 生活科でつくった成長アルバムを再度見合って成長を感じる。
② 3年生の学習内容や生活の変化を知る。
③ どうすれば新年度からも、仲よく、元気に過ごせるか、グループで話し合う。
④ 自分の課題に合った「がんばること」を決める。

― 指導のポイント ―

　発表会を開くに当たって、家族やお世話になった方に招待状を送り、来てもらう方法が考えられます。「学級活動(3)ア　現在や将来に希望や夢をもって生きる意欲や態度の形成」の活動につなげ、学級の中で自己のよさを生かそうとするとともに、希望や目標の実現に向けて日常の生活をよりよくしようとする態度を育てます。

音楽科の指導のコツ

思いを奏でる「2年生の歌唱指導」

ねらい

歌が大好きな子供たちが自分の歌声に気を付けて、曲に対する思いをもって歌うことができる指導を目指します。

リズム・拍の流れ・音色を大切に

2年生の音楽では4拍子以外の2拍子、3拍子の曲が多く出てきます。リズムを取りながら、拍の流れを身体全体で感じる経験をたくさんさせることが大切です。また、歌詞の内容から様子を想像し、声の出し方や強弱を工夫するなど音色に気を付けて思いをもって歌うことができるようにします。

拍子を感じる一番効果的な手段は、手拍子です。2拍子を感じるために、手拍子や膝うち、足踏みをしたり、友達とペアになって互いに拍の流れを感じ取ったりすることも楽しい活動の一つです。

低学年では、動きを伴った活動を多く取り入れ、音楽を体で感じることが大切です。曲の様子を想像する活動では、同じ歌詞でも子供一人一人によって感じ方が違うということを大切にします。答えを一つにするのではなく、様々な感じ方を話し合いながら全員で歌うイメージをつくっていきたいものです。

また、我が国のよき音楽文化を受け継いでいくという観点から、2年生でも歌唱共通教材が位置付けられています。昔から伝わる美しい旋律を味わいながら、季節に合った曲を学習計画に位置付けて指導していくことが大切です。

小ぎつねのおはなしづくり

歌詞の表す情景や気持ちを想像したり、楽曲の気分を感じ取ったりして、思いをもって歌うことができるようにします。

校内音楽会の指導

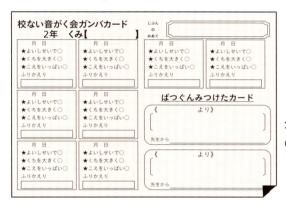

朝の会・帰りの会、音楽の時間を使った指導では、振り返りの時間を取ります。相互評価ができるよう、友達のよいところを見付けて、カードを渡してあげてもよいでしょう。

=== 指導のポイント ===

2年生の発達の段階では、曲から感じた思いを言葉で表現することが難しい子供も多くいます。そんなときは、絵を描かせてみたり、体を動かしてみたりすると効果的です。さらに、その思いを歌でどのように表現するかをグループ活動に取り入れて、声の大きさや速さを変えながら、一つの物語をみんなでつくり上げていくようにします。

図画工作科の指導のコツ

子供の想いを大切に「造形遊び」

ねらい

紙パックや紙コップを切り開いたり、ひねったり、つなげたりする活動を通して、試したり、見付けたり、考えたりして、楽しく発想する力を培います。

 きって、ひねって、つなげると……

　「造形遊び」とは、あらかじめ描くもの・つくるものは決めず、材料と場所だけを決め、遊びながら自分で目的を決めて造形する活動のことです。
　子供たちが、一番熱中しているのは、遊んでいるときです。自分たちでルールを決め、自分たちで遊びを考え、いろいろな発見をし、たくさんのことを学んでいきます。遊びは、とても創造的な活動なのです。この「遊び」のよさを「学び」に結び付けようとする活動が、造形遊びです。
　子供たちのよいところ、頑張っているところなどを褒め続けます。どんな小さなことでも褒められることによって、自信をもって進んで取り組めるようになります。このことがつくり出す喜びにつながります。材料集めは、早い時期から家庭の協力を求めるようにします。偶然を楽しませるためには、多くの材料があることが大切です。どんなことをするのかを教師が見本を示すと、子供も意欲をもって材料集めに取り組みます。
　子供同士が一緒になって遊ぶことで、友達の工夫のすばらしさや、友達と一緒に遊ぶ楽しさにも気付いていきます。「学級活動（2）イ　よりよい人間関係の形成」につながり、**友達のよさを見付け、違いを尊重し合い、仲よく信頼し合って生活することにつながります。**

活動へのイメージ

材料集めの際に、実際にやって見せると興味をもつことができます。

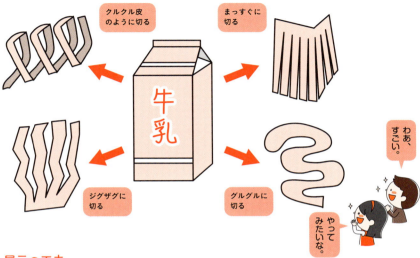

展示の工夫

作品カードには、称賛の言葉を添えて飾るようにします。

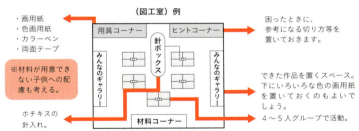

※「学級活動（3）ウ　主体的な学習態度の形成と学校図書館等の活用」との関連を図り、見通しをもって粘り強く取り組む力の育成につなげます。

―――――― 教師の指導のポイント ――――――

子供たちがつくり出す場面では、まず教師自身がつくり出す喜びや価値を感じ取り、共感すると子供たちの自信につながります。たくさん声かけをしていくとともに、はさみやホチキスへの安全面の指導をしっかりと行います。

体育科の指導のコツ

嫌いにさせない！
マット・鉄棒運動遊び

ねらい

易しい運動遊びを通して、運動の楽しさを十分に味わわせ、基本的な動きを身に付けるようにすることが大切です。

楽しさを意図的に

低学年の子供は、思考と活動が未分化な時期で、「動くこと」と「考えること」が同時に進みます。また、集中力が長続きせず、常に新しいものに興味が移るという特徴もあります。そのため、**飽きずに楽しむことができるようにするためには、多彩な身体運動を含む『遊び』を与えていくことがポイント**です。

「マットを使った運動遊び」では、支持や逆さ姿勢、回転などの運動遊びを楽しく行うとともに、基本的な動きを身に付けたり工夫したりすることがポイントとなります。適度な柔らかさのあるマットを活用して、背中や腹などを付けていろいろな方向へ転がったり、手や背中で支持して逆立ちをしたりするなどの楽しさを意図的に取り入れるようにします。

「鉄棒を使った運動遊び」では、支持やぶら下がり、振動、回転などの運動遊びを楽しく行うとともに、基本的な動きを身に付けたり、動き方を工夫したりすることがポイントとなります。そのため、跳び上がりや跳び下り、ぶら下がりや易しい回転をする楽しさなどを意図的に取り入れるようにします。

これらの運動遊びを楽しく行いながら、その中でコツとなる動きのポイントを具体的に取り上げ、学級全体で共有します。このような活動を行うことで、自分に合った具体的な解決方法を決めて取り組めるようになります。

鉄棒を使った運動遊びのポイント

ポイント①：楽しく活動できるように運動の場を工夫する

いろいろな動きを自ら試したり、基本的な動きを身に付けたりすることができるように、条件を変えた場を複数設けます。そうすることで、子供の運動への意欲も高まります。

ポイント②：指導のねらいに合わせて言葉かけを具体的にする

子供が運動遊びに夢中になり、いろいろな姿勢や方向に回転するなど工夫して楽しむことができるように、指導のねらいを明確にし、学習を方向付ける具体的な言葉かけを行うようにします。

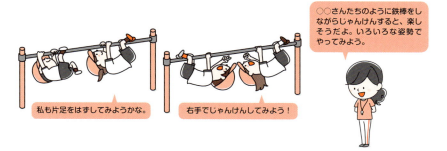

嫌いにさせないポイント

恐怖心から運動を躊躇（ちゅうちょ）する子供もいるため、易しい場や集団で取り組む場を設定し、運動遊びを楽しく行えるように工夫します。また、掲示物やめあてカードを工夫し、よい動きを共有できるようすることで、子供たちが「やってみよう」「やってみたい」と思えるようにします。

体育科の指導のコツ

楽しく安全な水泳指導

ねらい

ねらいをもった楽しい水遊びを系統的に学習できるようにします。水に慣れ親しむことや、もぐったり浮いたりすることを楽しく行う中で、動きが身に付くようにします。

水遊びを安全に行うために

まずは、当日の健康状態を把握する必要があります。**水泳カードに体温の記入漏れがないか、保護者の確認印はあるかなど、必ず確かめましょう。**また、爪が伸びていないか、鼻水が出ていないか、髪の毛が水泳帽子の中にきちんと入っているかなども、確認します。次に、プールサイドは走らないなどの約束を確認した上で、準備運動や整理運動をしっかり行います。特に、授業の始めと終わりに二人組になって行う**「バディシステム」**は、命を守る大切な活動です。これは、人数確認を行ったり、場合によっては子供同士で顔の表情を見合いながら健康状態を確認したりする意味もあります。

他にも入水やシャワーの仕方、着替える場所など、学校によってやり方は決まっています。例えば、「入水の際は、心臓に遠い所から水をかけてから後ろ向きで行う」「転倒したときに体を支えられるように、移動の際はバスタオルが肩にかからないようにする」などは、大切な指導のポイントです。そこで、水泳の授業が始まる前に、「学級活動（2）ウ 心身ともに健康で安全な生活態度の形成」との関連を図りながら、効果的な事前指導を心がけます。

中学年につながる水遊び

2年生の学習は、低学年の「水遊び」から、中学年の「浮く・泳ぐ運動」につなげる大切な時期です。

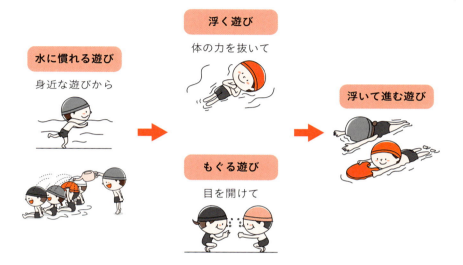

2年生の授業を考える上で、楽しく誰もが活動できるように運動の場を工夫することが大切です。例えば、「水中歩き→大股で→二人で→電車ごっこ→トンネルくぐり」などのように、少しずつ人数を増やしたり課題を難しくしたりするなどの工夫も考えられます。

―― 水遊びのポイント ――

子供たちは、水遊びの時間が近付くと、楽しい気持ちでいっぱいになります。落ち着いてスムーズに水遊びが始められるように、学習内容や準備運動（バディシステム・入水の仕方など）から整理運動までの流れ、また約束などを、子供と一緒に確認しておくことが必要です。

道徳科の指導のコツ

効果的な資料の活用

ねらい
授業を展開する上で、どんな挿絵を活用するか、どんな発問をするかなど、効果的な資料の活用方法を考えることが大切です。

📖 ペープサートを活用した授業展開「黄色いベンチ」

　低学年の子供は、約束やきまりについて、「大人から教えられたから」「守らないと叱られるから」と他律的に守っていることが多くあります。誰も見ていないときや自分のやりたいことがあってそれを優先したいがために、時には自己中心的な行動をとってしまうこともあります。

　道徳科の授業は、教材を通して、主人公の気持ちに寄り添いながら分かったことや考えたことを話し合う中で、自分の生活を振り返り、その後の実践的態度へとつなげていくことが大切です。授業を展開する上では、**挿絵やペープサート、劇化など、いくつかの方法があります**。各学年でつくった資料の挿絵やペープサートなどは、学校で保管し学校全体で共有することも重要です。

　また、アンケートや振り返りカードなどを作成し、授業の中で活用することも考えられます。これらも、場合によっては、教室掲示することで、さらに実践的態度へ導く手立ての一つになります。

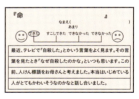

振り返りカード

学校共有化の資料の棚

第3章　子供たちに学ぶ楽しさを！　2年生の授業のコツ

「黄色いベンチ」の授業を通して

例：「黄色いベンチ」　なぜ、ベンチの上にのってはいけないのでしょう。

- 公園にベンチがあるのは何のためかな？
- 困るのは、女の子とおばあさんだけかな？
- 「ベンチにのってはいけません」とは、どこにも書いていませんよ。
- ベンチではない、他のものならいいのかな？

板書例

―― ペープサートを行う上でのポイント ――

　問題意識を明確にした上で、ペープサートを用いて登場人物に共感させながら自分の体験をもとに、「なぜ、ベンチの上にのってはいけないのか」について話し合い、自分勝手な行動が人の迷惑になることに気付くことができるようにします。

特別活動の指導のコツ

ここがポイント！
学級活動

ねらい

学校生活を充実させるために、友達と協力したり個人で努力したりしながら、活動することの楽しさや達成感などを得られるようにします。

学級活動のポイント！

学級活動（1）　学級や学校における生活づくりへの参画

　子供が自分たちの学級や学校の生活をより楽しく、充実したものにするために、議題を見付け、話し合い、協力して実践する自発的、自治的な活動を通して、自治的能力を育みます。

> 問題の発見・確認（議題）➡解決方法等の話合い（出し合う→比べ合う→まとめる）➡解決方法の決定➡決めたことの実践➡振り返り➡次の課題解決

　安易に多数決で決めるのではなく、提案理由に沿って、意見や理由の質を重視した話合い活動でよりよく合意形成を図るようにします。

学級活動（2）　日常の生活や学習への適応と自己の成長及び健康安全
**　　　　　（3）　一人一人のキャリア形成と自己実現**

　子供たち一人一人が自ら努力目標を意思決定し、その実現に取り組めるよう生徒指導の機能を生かす展開を工夫することを通して、自己指導能力を育てたり、自己実現につなげたりします。

> 問題の発見・確認（題材）➡解決方法等の話合い（つかむ→さぐる→見付ける→決める）➡解決方法の決定➡決めたことの実践➡振り返り➡次の課題解決

学級活動（2）（3）における話合いでは、問題の意識化や原因の追求、解決方法の話合い、対処の仕方などの個人目標の意思決定について、教師中心の指導になりますが、決して押し付けにならないように配慮します。

学級会における話合いとは

（1）　出し合う
　　①自分の考えを大きな声で発表する。
　　②意見を発表するときは、理由も必ず言う。

- ノートを見ないで自分の言葉で発表できるようにするとよいでしょう。
- 絵図を使って説明したり、実際にやってみたりすることも考えられます。
- 「出し合う」段階では、「賛成」「反対」ではなく、新しい意見を発表します。

（2）　比べ合う
　　①賛成意見や反対意見を発表する。
　　②出された意見の共通点や違いを明確にし、よりよい考えを導き出す。

- よりよい意見にするために付け足しをしたり、似ている意見をまとめて分かりやすくしたりします。
- 他の意見を聞いて、自分の意見を変えることもあります。
- 反対意見を発表する場合、「〜が心配です。だから〜に賛成です。わけは〜です」など、発表の仕方を指導します。
- 反対意見を言うのではなく、必ず賛成意見か代案を言うようにします。
- 賛成意見や反対意見が出ていない場合、それについてどう思うかを考える機会を設けます。
- 「比べ合い」の段階で、まとめることもあります。

（3）　まとめる
　　①「みんなが納得できる意見」「条件付きで納得する」など、折り合いを付けて合意形成を図る。

- できるだけ多数決をとらずに、全員の賛成で決定するようにします。
- それぞれの意見のよいところを合わせて決定します。
- 優先順位を付けて、順番を考えて決定する方法もあります。
- 取り上げられなかった意見については、できるだけ他で生かせるようにします。

特別活動の指導のコツ

学級会の進め方
1学期編

---- **ねらい** ----

　子供たちに学級生活をよりよくしようという思いが生まれ、話し合って解決しようとする態度が育ちます。

📖 自分たちで学級生活を楽しいものに！

　小学校生活にも慣れてくるこの時期は、学級の中でいろいろな問題が起きてくる頃です。学級のボールが取り合いになってしまう、クラス全員で遊ぶ時間の遊びが決まらないなど、生活上の問題に、子供自身が気付く目を育てることが大切です。

　例えば、朝の会や帰りの会で行う「係からのお知らせ」の中にも、話し合う必要のある問題が含まれていることがあります。

　まずは、教師が「その問題は、みんなで話し合ってみましょう」と投げかけることで、話合いにつなげていきます。**どういうときにみんなで話合いをしたかという経験を重ねていくことが、問題を発見する目を育てることにつながります。**

学級での活動	問題の発見	議題の選定・決定

学級会　オリエンテーション

議題にふさわしいものは、次のようなものです。

- 自分たちの力で解決できること
- 学級みんなに関わること
- すぐに解決しなくてはならないこと

カリキュラムに関わることや、人権・安全・金銭に関わることなどは、教師が指導すべきことなので、議題としては取り上げられません。また、「話をしっかり聞く」など、一人一人が心がければ解決できる問題も、議題として扱いません。1時間をかけて、学級会で話し合うべき意義のある議題を選定することが、重要となります。

学級会の議題例

★集会活動に関わること
・○○集会のプログラムを決めよう
・誕生日会のゲームを決めよう

★係活動に関わること
・係発表会で発表することを決めよう
・学級文庫の使い方の約束を決めよう

★学級生活に関わること
・みんなで遊ぶ時間の遊びを決めよう
・クラスの歌を決めよう

―― 問題発見のポイント ――

困ったとき、アイデアがほしいとき、「じゃあ、みんなで話し合ってみようか」という声が自然とあがるように、学級生活を振り返り、問題を発見できるようにすることが大切です。

特別活動の指導のコツ

学級会の進め方
2学期編

---- **ねらい** ----

　教師の助言を受けながら、自分たちで学級のことを話し合い、実践していく経験を通して、話合い活動を楽しく行えるようにすることが大切です。

さらに充実した係活動にしていくために！

　1年生の当番活動からスタートして、少しずつ係活動を行ってきた2年生。2学期にもなると、自主的に係活動を行っている子供と、そうでない子供の差が出てくる時期です。協力できていなかったり活動が活発でなかったりする係には、意図的な働きかけが重要となります。

　そこで、2学期に行う係活動の再編成は、教師が主導で行うのではなく、**「学級会での話合いを生かし全員で行う」**ことが大切です。また、係ごとに活動計画を立てる際に、無理のない計画を立てるようにすることも大切です。

活動計画を立てるとき
・月単位程度で、無理のない計画を立てたり、振り返りをしたりする。
・係名は、活動内容が分かるものにする。
・朝の会や帰りの会で、「係からのお知らせコーナー」などの時間を設け、活性化につなげる。
・係同士で協力したり、アイデアを出し合ったりするカードなどを活用する。
・係活動発表会などを活用し、活性化を図る。

係活動の再編成に関する話合い活動の手順

楽しい学級生活にとって必要な係は何かを意識できるようにします。そして、当番的な活動から創意工夫できる係活動に移行します。

1 これまでに活動してきた係活動を見直す
①これまでの自分の係活動でよかったこと
②もっと工夫したいと思ったこと
③よく活動していた係とその理由
④これから新しく行いたい活動

2 出された意見をまとめて係の再編成をする
①「**継続**」したい係活動　④「**廃止**」したい係活動
②「**統合**」したい係活動　⑤「**移行**」したい係活動
③「**分割**」したい係活動　⑥「**新設**」したい係活動

3 各係におおむね必要な人数を確認する
①これまでの各係の人数をもとにする。
②新たな活動内容から、必要な人数を考える。

4 希望を優先しながら、各係に所属する
①考えた人数をもとに、調整して所属を決める。
②希望者のない係が出ても、できれば誰かが移動して３人以上にする。
③一人ではなく、同じ係の友達と協力して活動できるようにする。可能な限り、男女で編成できるようにする。

―――― **係を活発な活動にするポイント** ――――

教師の助言はもちろん、子供たち自身が、自分たちの活動を振り返り、互いに称賛したりアドバイスをしたりすることが大切です。

特別活動の指導のコツ

学級会の進め方 3学期編

ねらい

自分たちで学級のことを話し合い、実践していく経験を通して、話合い活動を楽しく行えるようにします。

 クラスのよいところを紹介しよう！

2年生も終盤になり、いよいよ4月からは中学年の仲間入りをする子供たち。学級集会はもちろん、学年集会などをすることで、学級・学年のまとまりもさらに強くなります。

1年間を振り返りながら、自分たちのよさや頑張りを互いに称賛し合い、さらに自信へとつなげていくような取組を行い、3年生を意識できるようにすることが大切です。

この場合、「学級活動（2）」との関わりをしっかり考えて取り組むことで、さらなる気付きや新たな課題・目標なども見付けることができます。そして、3年生へとつなげるよい機会になると考えられます。このように、「学級活動（2）」との連携を図る中で、1学期はじめにつくった学級目標などにきちんと触れることも重要なこととなります。

また、学級会で活発な意見が出されてくるこの時期。もう一度、意見の種類を意識して学級会を行うことが大切です。

意見の種類としての指導
○新しい意見　　　　○賛成・反対意見　　　○質問・付け足し
○進行に関する意見　○認める意見　　　　　○まとめる意見
○考え直す意見　　　○高める意見　　　　　○提案理由を考えた意見

▼板書計画

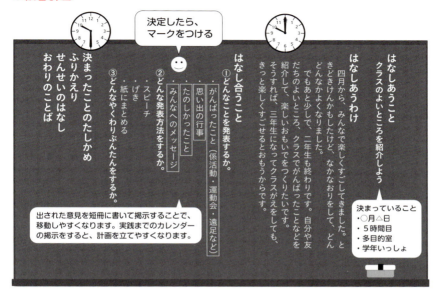

実践活動での配慮事項
○一部の子供だけでなく、全員で役割分担をする。
○学級として合意形成したことは、必ずみんなで実践する。
○実践活動後には、必ず振り返りを行い成果と課題を明確にする。

学級会でのまとめの「教師の話」
①前回の学級会と比べてよかったこと
②次回の学級会に向けての課題
③計画委員へのねぎらい
　※実践への意欲付けの言葉かけも行います

話合い活動を進めるポイント

「○○の工夫を考えよう」などについて話し合うとき、2年生という発達の段階を考えると、なかなか意見が出ない場合も考えられます。教師が、いくつか前もって考えておき、紹介するなどの支援をすることが重要となります。

第4章

2年生で使える「学級遊び」

2年生で使える「学級遊び」①

ハロウィンゲーム

概要

10月31日はハロウィンです。近年、仮装やお菓子の交換などで人気イベントの一つになっています。カボチャやおばけにちなんだ遊びで盛り上がります。

STEP 1 ハロウィン宝探し

学級全員やグループに分かれて遊びます。おばけやお菓子の絵を厚紙やダンボールに貼り付けたものを宝物として、教室内に隠します。「物を動かさなくても見える所」などと場所を限定し、友達の机の中や持ち物にはふれないようにします。グループに分かれ、「隠す」と「探す」を順番に行います。宝物の裏に得点を書いておき、合計得点で競っても楽しめます。

STEP 2 ハロウィンボーリング

ペットボトルにハロウィンの絵を描いた紙を巻き付け、ピンをつくります。新聞紙を丸めたボールをカボチャに見立て、オレンジ色の紙で巻いたり顔を付けたりします。並べたピンにボールを転がして投げ、何本倒したかを個人やグループで競います。

STEP 3　ハロウィン福笑い

ジャック・オー・ランタンや、かぼちゃの顔などの各部のパーツを用意し、目隠しをして福笑いをします。

グループ内で「これは目だよ」「もっと上、もうちょっと」などと声をかけ、協力して完成させます。ノーヒントでパーツを並べ、できた顔のおもしろさをみんなで楽しむこともできます。

STEP 4　おちた　おちた（ハロウィンバージョン）

「おちた　おちた」のハロウィンバージョンです。「おばけ」は手をゆらゆらさせるポーズで、「かぼちゃ」は手を頭にのせて、「おかし」は頂戴のポーズをします。「おーちた　おちた」→「なーにがおちた」→「おばけ！」→「ポーズ」というように楽しみます。

―― 指導のポイント ――

ただ単に学級でハロウィンパーティーをして楽しむのではなく、何のために行うのかを明確にし、目的意識をもたせます。「学級全員で楽しめる遊び」や「みんなを笑顔にする遊び」のための工夫を称賛します。また、適切な活動となるように、「仮装したい」などの希望が子供から出た場合も、「身の回りの物だけを使う」「簡単な仮装にする」など条件を付け、過度にならないよう、十分配慮することが大切です。

―― 関わり合いを深める工夫 ――

ハロウィンパーティーの準備や当日の役割を全員で分担します。「学級活動(1)」の話合いの中で一人一役の役割を決め、事前の準備を自主的に行えるようにしておきます。集会の中で自分の役割をもつことが、実践活動への意欲喚起となります。

2年生で使える「学級遊び」②

クラス全員での遊び

概要

学級集会やクラス遊びのときは、全員で一緒にできる遊びが盛り上がります。いつも同じ遊びばかりにならないよう、教師が遊びを提示しながらいろいろな体験をさせます。

STEP 1　手つなぎおに

はじめのおにを何人か決め、普通のおにごっこをします。おににタッチされたら、おにと手をつないで他の人を追いかけます。おにが4人になったら2人ずつに分かれます。だんだん、2〜3人ずつのおにが増えていきます。

STEP 2　どろけい（けいどろ）

泥棒チームと警察チームに分かれ、警察が泥棒を捕まえます。捕まった人がいる場所を決めておき、捕まってしまった人はそこから出ることができません。しかし、友達にタッチされれば、再びゲームに参加できるようにします。警察が泥棒を全員捕まえれば、「警察の勝ち」になります。時間を決めて、警察と泥棒を交代します。

STEP 3　フルーツバスケット・何でもバスケット

　全員を3～5グループに分け、「いちご」「みかん」「すいか」などのグループ名を付けます。全員で輪になって内側を向き、いすに座ります。おにを一人決め、輪の内側に立ちます。おにのいすは置きません。

　おにが「いちご」と言ったら、いちごグループのメンバーが席を立ち、他の空いているいすに座ります。いすに座れなかった子供が、次のおにを務めます。「フルーツバスケット」と言ったら、全員が移動します。

　グループを決めずに、「きょうだいがいる人」など、おにが自分で考えて言った条件に合う子供だけが移動すると「何でもバスケット」となります。

STEP 4　な～んだなんだ班会議

　黒板に3種類の動物の絵を貼り、教師が1枚を選んでおきます。「な～んだなんだ班会議」と言って、生活グループになります。子供たちは、「先生が好きな動物」を予想し、話し合って決めます。順に発表し、最後に教師が「先生が好きな動物は…

ウサギです」と発表します。また、チョーク3色の中から見えないように1色を選ぶクイズも簡単で盛り上がります。

──────── 指導のポイント ────────

　学級全員での遊びは、豊かな学級文化の創造につながります。一度行った遊びは教室内に掲示して、いつでも振り返ってできるようにしましょう。

──────── 関わり合いを深める工夫 ────────

　クラス全員での遊びは、遊び係の活躍の場です。「何をして」「どんなルールで」など、係から提案したり全員の意見をまとめたりして実践します。

2年生で使える「学級遊び」③

グループ対抗遊び

概要

仲間と協力しながら他のグループと競い合う遊びは、とても盛り上がります。手軽に室内で行うことができて、5〜6人のグループで競い合うゲームを紹介します。

STEP 1 背文字リレー

一直線に並び、後ろを向きます。先頭の人は、教師から伝えられた文字を次の人の背中に指で書きます。それを次々に伝えていき、最後の人が発表して、正解かどうかを競います。

全てのグループが正確に伝えると、言葉になるような工夫をすると盛り上がります。また、2文字の言葉をお題に出しても楽しめます。

STEP 2 フラフープ送り

グループで内側を向いて輪になり、手をつなぎます。スタートの人の腕にフラフープをかけ、合図があったら手をつないだままフラフープに体を通して輪を1周させます。できるだけ早くスタートの位置までたどり着いたチームの勝ちです。くぐることが苦手な子供もいるので、協力したり声をかけたりして、チームワークよくできたグループを大いに褒めましょう。

STEP 3 風船送り競争

グループで一直線に並び、前を向きます。先頭の人が風船を両手でもちます。スタートの合図で風船を頭の上から後ろの人に渡します。渡された人は、股の間から後ろの人に渡します。頭の上、股の間、と繰り返して渡していき、一番後ろの人は前の人に返します。一番早く先頭の人まで風船が戻ったチームの勝ちです。ドッジボールや小さなボールを代用しても、同様に遊べます。

STEP 4 人間じゃんけん

5人グループをつくり、他のグループとじゃんけんをします。全員がしゃがむとグー、立つとパー、中の二人だけが立つとチョキです。話し合って出すものを決めます。

チームごとに勝ち抜き戦をしたり、3分の間に勝った回数で競ったりします。

パー！

チョキ！

――― 指導のポイント ―――

学級内の人間関係やグループの編成方法によっては、競い合うことで関係が悪くなることもあります。競争することが一番のねらいではなく、協力し合って仲を深めることが大切です。そのことをしっかりと子供たちに伝えるとともに、日頃から支持的な風土を醸成しておくことが大切です。

――― 関わり合いを深める工夫 ―――

グループごとに話し合う「相談タイム」の時間を設定するのもよいでしょう。並び順や作戦を話し合ったり、かけ声をかけたりして、グループ内の凝集性を高めることができます。

2年生で使える「学級遊び」④

男女仲よく楽しい遊び

概要

いつも一緒の仲よしの友達だけでなく、いろいろな子供と遊ぶことは子供たちの人間関係や経験の幅を広げます。低学年のうちから男女が仲よく遊べる場を、教師が意図的に設定する必要があります。

STEP 1　せえの、くっつけ！

学級や学年の大人数で遊ぶことができます。教師がリーダーとなり、「せえの」と声をかけ、子供たちは1回手をたたきます。続けて「せえの」の後に2回拍手。同様に3回、4回と増やしていきます。「せえの」の代わりに「くっつけ！」と言ったら、最後にたたいた回数の人数で集まって座ります。「男女でくっつけ！」「違う班の人とくっつけ！」など、かけ声のバリエーションを工夫します。

3回手をたたいたから、3人で集まるよ。

STEP 2　ペットボトルダーツ

何人でも遊べます。ペットボトルを床に立て、その口をめがけて立った状態から半分に割った割り箸を落とします。

男女でペアになって一人何本かずつ挑戦したり、チームを組んで入れた数の合計で競い合ったりすることもできます。

STEP 3　30でドッカン！

2〜5人くらいのグループで遊びます。ボールなど（大きさは自由）を用意します。順番を決めたら、はじめの人がボールをもち、1から順に数を数えます。1回に三つまで数を言うことができます。30を言ったら爆発して、言った人が負けとなります。人数によって、爆発する数字を変えることもできます。負けた人が「次は40！」などと決めるのも楽しくする秘訣です。

STEP 4　もうじゅうがり

リーダーを決め、リーダーを向いて集まります。リーダーが、「猛獣がりに行こうよ！」と言ったら、続けて「猛獣がりに行こうよ！」と、声をそろえて繰り返します。次に、「猛獣なんて怖くない」「猛獣なんて怖くない」「やりだって持ってるし（槍を投げるポーズで同様に繰り返す）」「てっぽうだって持ってるもん（槍とは反対に向け鉄砲のポーズで同様に繰り返す）」と言います。「あっ！」と指さすと、「あっ！」と繰り返します。「くま」とリーダーが言ったら2人組をつくります（ごりら：3人組／らいおん：4人組）。「次は男女一緒」と条件を付けると、男女仲よく関わることができます。

指導のポイント

人間関係を広げるためには、教師の積極的な声かけや、意図的なグループ編成を行い、いろいろな友達と関わることができるようにする必要があります。日頃の学習活動の中でも、適切な配慮をすることが求められます。

関わり合いを深める工夫

普段あまり活動を共にしない子供同士の場合、互いのよさや頑張りに気付き、認め合うことができるようになることが必要になります。まずは、教師が「すごい！」「頑張っているね」などと声をかけることです。

2年生で使える「学級遊び」⑤

学級ギネス大会

概要

「記録にチャレンジ！」というのは、子供たちにとってとても魅力的です。友達と競うだけでなく、自分の最高記録に何度でも挑戦できるような遊びを紹介します。

STEP 1　片足立ち耐久レース

「よーい、ドン！」の合図で片足を上げ、どれだけ長く片足で立っていられるかを競います。ストップウォッチを使って何秒間立っていられたか記録を残し、順位を付けます。決勝戦は時間を計らずに「最後まで残っていた人の勝ち」とするなどの工夫ができます。ずっとやり続けられる子供もいるので、「最高2分まで」と決めておくとよいでしょう。

STEP 2　どんぐり皿うつし

生活科で集めたどんぐりや大豆、小豆などを使います。30秒や1分と時間を決めて、割り箸でつまんで別のお皿にいくつ動かせるかを競います。

グループ内で競ったり、グループの代表で決勝戦を行ったりすると、応援も力が入って盛り上がります。

第 4 章　2 年生で使える「学級遊び」

STEP 3　ペットボトルキャップタワー

　ペットボトルのキャップを 30 秒間にできるだけたくさん積み上げます。倒れても何度でもやり直し、30 秒経った時点で積んである個数が記録となります。

　両手を使ってもよい、キャップの向きは自由など、基本的なルールを決めておきます。

STEP 4　超能力さいころ

　さいころの目が「1，2，3」を「小」、「4，5，6」を「大」として、出る目が「小」か「大」か予言してからさいころを振ります。まさに運次第です。連続何回、予言通りに目が出たかを競います。

　グループに分かれて、全員が「1」の目を出すまでの回数を全て足し、合計が少ない方が勝ちとするなどの工夫もあります。

―――――― 指導のポイント ――――――

　純粋に記録を楽しむためには、条件を統一しなければなりません。学級としてのルールをしっかりと決め、みんなでルールを守って遊ぶようにします。

―――――― 関わり合いを深める工夫 ――――――

　みんなで挑戦する雰囲気を高めるためには、係の活動と関連させます。遊び係やポスター係がランキングの表をつくって、掲示したり、簡単な記録証をつくって渡したりすることで、大会が盛り上がります。

[編著者]

安部 恭子 Abe Kyoko

文部科学省初等中等教育局教育課程課教科調査官〔特別活動〕
国立教育政策研究所教育課程研究センター研究開発部教育課程調査官

特別活動サークルや研究会での、たくさんの仲間や尊敬する先輩たちとの出会いにより、特別活動の素晴らしさを実感し大好きになる。大宮市立小学校、さいたま市立小学校、さいたま市教育委員会、さいたま市立小学校教頭勤務を経て、平成27年4月より現職。

稲垣 孝章 Inagaki Takafumi

埼玉県東松山市立松山第一小学校長

[執筆者]

吉沢　猛	埼玉県吉見町立南小学校教頭
鈴木 和也	埼玉県川島町立出丸小学校教頭
吉田 政子	埼玉県吉見町立西小学校教諭
中島 礼子	埼玉県東松山市立高坂小学校教諭
砂永 牧子	埼玉県東松山市立桜山小学校教諭

「みんな」の学級経営
伸びる つながる 2年生

2018（平成30）年3月22日 初版第1刷発行

編著者　安部恭子・稲垣孝章
発行者　錦織圭之介
発行所　株式会社 東洋館出版社
　　　　〒113-0021　東京都文京区本駒込 5-16-7
　　　　営業部　TEL：03-3823-9206
　　　　　　　　FAX：03-3823-9208
　　　　編集部　TEL：03-3823-9207
　　　　　　　　FAX：03-3823-9209
　　　　振　替　00180-7-96823
　　　　U R L　http://www.toyokan.co.jp

［装　　丁］中濱健治
［イラスト］おおたきまりな
［編集協力］株式会社あいげん社
［本文デザイン］竹内宏和（藤原印刷株式会社）
［印刷・製本］　藤原印刷株式会社

ISBN978-4-491-03496-6　　Printed in Japan

JCOPY ＜(社)出版者著作権管理機構 委託出版物＞
本書の無断複写は著作権法上での例外を除き禁じられています。
複写される場合は、そのつど事前に、(社)出版者著作権管理機構
（電話 03-3513-6969、FAX 03-3513-6979、e-mail: info@jcopy.
or.jp）の許諾を得てください。